Grammaire pratique

Le français de A à Z

GW00320291

Claire Chuilon
enseignante aux cours de
Civilisation française
de la Sorbonne

Introduction

Cette grammaire s'adresse à des étudiants ayant déjà une certaine connaissance du français (au minimum 120 h). Il s'agit d'une grammaire de base qui présente les principales difficultés rencontrées par les étrangers. On s'est efforcé d'employer des tableaux et un langage simple et de clarifier la présentation par des tableaux.

Elle comporte trois parties :

- une partie **définition** où on explique les termes grammaticaux. Le but a été de permettre l'utilisation correcte de ces mots plutôt que d'expliquer les problèmes linguistiques qu'ils posent. (Cette partie est représentée dans l'index par la lettre D.)

- une partie **grammaire** où chaque difficulté est traitée selon l'ordre alphabétique, sous forme de dictionnaire.

- un **index** où sont répertoriés les différents items traités.

Cette grammaire a bien sûr bénéficié de travaux préalables, tels que :
- Le Bon Usage de Grévisse
- La Nouvelle Grammaire française de Grévisse
- La Grammaire structurale du français de J. Dubois.

Je tiens d'abord à remercier les étudiants qui par leurs questions m'ont appris ce qui était difficile en français. Je remercie également : Lucile Charliac-Albert, Christine Dubois, Michelle Enser, Geneviève-Dominique de Salins et Martine Thomas-Guerrero pour leurs remarques et leurs suggestions.

Liste des abréviations et des signes utilisés

→	signifie :	devient
A + B	" :	suivi de
⇒	" :	donc
=	" :	égal
≠	" :	différent
( )	" :	facultatif
Ø	" :	rien
ex. :	" :	par exemple :
fém.	" :	féminin
masc.	" :	masculin
plur.	" :	pluriel
sing.	" :	singulier.

Première partie

DÉFINITIONS

ABRÉVIATION L'abréviation est le fait d'enlever des lettres d'un mot, en général on ne garde que le début.

et cetera devient etc.

ACCENT L'accent est un signe graphique qui se met sur une voyelle. Il y a trois sortes d'accents :
- **l'accent aigu,** qui se met seulement sur le « e » : *é.*
- **l'accent grave :** *à, où, mère, etc.*
- **l'accent circonflexe :** *pôle, pâle, mûr, etc.*

ACCOMPLI L'accompli est un aspect. L'action à l'accompli est présentée comme finie.

NON ACCOMPLI (voir : Processus).

ACCORD, S'ACCORDER Les mots qui ont le même genre, ou le même nombre et qui sont liés grammaticalement portent tous une marque qui indique ce genre ou ce nombre, on dit qu'ils s'accordent.

Ces beaux arbres

« beau » qualifie « arbre » - « arbre » est masculin, « beau » est au masculin, « arbres » est pluriel, « beaux » est au pluriel.

ACTIVE (VOIX ACTIVE) Un verbe qui a un complément d'objet direct se trouve à la voix active. Ces verbes sont appelés verbes transitifs.

Un policier a arrêté un voleur.

« Policier » : sujet ; Voleur : complément d'objet direct.

ADJECTIF QUALIFICATIF L'adjectif qualificatif précise une qualité d'un être ou d'une chose, il modifie un nom ou un pronom.

Ce livre est intéressant.

« Intéressant » qualifie livre.

Un pull-over gris.

« Gris » qualifie pull-over.

ADVERBE L'adverbe modifie le sens :
- d'un verbe : *Il comprend **vite.***
- d'un adjectif : *Une **très** bonne idée.*
- d'un autre adverbe : *Il fume **beaucoup** trop.*
- d'une proposition : ***Enfin,** il arrive.*

AFFIRMATIVE   Affirmatif est le contraire de négatif.

> *Il vient demain* est une phrase affirmative.
> *Il ne vient pas demain* est une phrase négative.

AGENT   L'agent ou le complément d'agent indique celui qui fait l'action dans une phrase passive.

> *Cette histoire était racontée **par ma grand-mère.***

Ce complément est introduit le plus souvent par la préposition « par ».

ALPHABET   L'alphabet est l'ensemble des lettres utilisées pour écrire le français.

ANIMÉ   Un nom qui désigne une personne ou un animal est animé.

> *Le docteur, le chat.*

ANTÉCÉDENT   L'antécédent est un nom représenté par un pronom dans une phrase.

> *As-tu vu mes **lunettes**, elles étaient là hier soir ?*
> *Je te prête ce **livre**, je l'ai acheté ce matin.*
> *Je ne connais pas l'**œuvre** qu'on entend.*

« lunettes » est l'antécédent de : « elles »,
« livre »   ”   « l »,
« œuvre »   ”   « que ».

ANTÉRIORITÉ   L'antériorité indique qu'une action est antérieure, c'est-à-dire : **avant** une autre action.

APOSTROPHE   L'apostrophe est le nom donné à ce signe : '. « l' » est appelé : « l apostrophe ».

Ce mot désigne aussi un nom ou un pronom qui désigne une personne à qui on parle.

> *Savez-vous où se trouve la poste, **Madame** ?*
> *Peux-tu me dire, **toi** qui sais tout, le sens de ce mot ?*

« Madame », « toi », sont mis en apostrophe.

APPOSITION   L'apposition est le fait de placer un mot à côté d'un autre, séparé par une virgule ou la préposition « de », ces deux mots désignent la même chose.

> *Daniel, **mon neveu**, a voté aux dernières élections.*
> ***La ville** de Rodez a fêté ses 2 000 ans.*

« mon neveu » est apposé à « Daniel »,
« la ville » " à « Rodez ».

Ce qui est mis en apposition peut aussi être un groupe de mots ou une préposition.

> Il était de bonne humeur, **ce qui est très rare chez lui**.
> Ce livre, **que je n'avais pas relu depuis longtemps**, est passionnant.

« ce qui est très rare chez lui » est apposé à « il était de bonne humeur »,
« que je n'avais pas relu depuis longtemps » est apposé à « ce livre ».

ARTICULATION L'articulation est la façon de prononcer les sons d'une langue.

ARTICLE L'article est un des déterminants (voir à déterminant).
On distingue des articles :
- **définis** : le, la, les ;
- **indéfinis** : un, une, des ;
- **partitifs** : du, de la, des ;
- **contractés** : au, aux, du, des.

ASPECT L'aspect est la manière dont est présenté le déroulement ou l'accomplissement de l'action. La notion d'aspect est différente de la notion de temps. Pour le passé il y a différents aspects.

> l'accompli : *J'ai lu le journal.*
> le non-accompli : *Je lisais le journal chaque matin.*

ATTRIBUT L'attribut indique comment est la chose ou la personne dont on parle. Il est séparé de cette chose ou de cette personne par un verbe.

AUXILIAIRE L'auxiliaire est un verbe qui sert à former les temps composés et le passif. Il y a deux auxiliaires en français : **être** et **avoir**.

BUT La proposition circonstancielle de but est une proposition subordonnée qui indique le résultat que l'on veut avoir.

> Téléphone-moi **pour que je sache** quand tu es libre.

6

CARDINAL   Le déterminant cardinal (ou numéral) indique la quantité de façon précise.

*J'ai envoyé **trois** lettres ce matin.*

CAUSE   La proposition circonstancielle de cause est une proposition subordonnée qui exprime pourquoi on fait une action.

*Il ne travaille pas **parce qu'il est malade.***

CIRCONSTANCIELLE   La proposition circonstancielle est une proposition subordonnée qui apporte une information non indispensable sur une action, par exemple de temps, de cause etc.

***Quand il est parti,** nous nous sommes remis au travail.*

La proposition : « nous nous sommes remis au travail » est complète. La proposition circonstancielle apporte une information en plus sur le temps.

COLLECTIF   Un nom collectif désigne un ensemble de choses ou d'êtres, mais ce nom est au singulier.

COMPARAISON   Faire une comparaison, c'est dire si une qualité existe au même degré ou non dans divers objets.

*Ce vase est **plus** cher **que** l'autre.*

On compare le prix de deux vases.

*Pierre est **plus** jeune **que** ton fils.*

On compare l'âge de deux garçons.

COMPARATIF   Le comparatif est la forme de l'adjectif dans une comparaison.

COMPLÉMENT   1. **Le complément d'objet direct :** un complément est direct lorsqu'il n'y a pas de préposition entre le verbe et le nom.

*Il voit **ce film** demain.*

2. **Le complément d'objet indirect :** un complément est indirect lorsqu'il y a une préposition entre le verbe et le nom.

*Il pense **à son avenir.***
*Il se souvient **de cette histoire.***

3. **Le complément de nom :** un complément de nom est composé de la préposition « de », d'un déterminant et d'un nom.

*La maison **de mes parents**.*
*La veste **de son fils**.*

On peut avoir un prénom à la place du nom.

*Le gilet **de Pierre**.*

Ce complément détermine le premier nom.

CONCORDANCE DES TEMPS Les règles de concordance des temps indiquent à quel temps mettre le verbe de la proposition subordonnée en fonction du temps du verbe de la proposition principale.

CONDITION La proposition circonstancielle de condition est une proposition subordonnée qui exprime qu'une action dépend d'une autre.

*Je partirai en vacances demain **s'il fait beau**.*

CONDITIONNEL Le conditionnel est un mode qui s'emploie pour indiquer :
1. que l'action est supposée

Il aurait réussi son examen.

2. la conséquence d'une action supposée

Si j'étais riche, je ferais le tour du monde en bateau.

3. une demande polie

J'aimerais vous parler quelques instants.

CONJONCTION 1. **La conjonction de coordination :** elle unit 2 mots ou 2 propositions.

*Il a pris son livre **et** ses cahiers.*
*Il s'est levé de bonne heure **et** s'est dirigé vers la gare.*

Liste des conjonctions de coordination : mais, ou, et, donc, or, ni, car.

2. **La conjonction de subordination :** elle relie 2 propositions, le verbe de la deuxième dépend de celui de la première.

*Je ne pense pas **que** vous ayez raison.*
*Je me dépêche **parce que** je suis en retard.*

CONJONCTIVE Une proposition subordonnée conjonctive apporte une information indispensable à la proposition principale, complète le sens de la proposition principale.

*Je pense **que vous avez raison**.*

La **proposition** « Je pense » est incomplète, il faut ajouter le **complément** : « que vous avez raison ».

CONJUGAISON Un verbe peut varier suivant le mode, le temps, et la personne (première, deuxième, troisième personne du singulier : *je, tu, il* ou *elle*; première, deuxième, troisième personne du pluriel : *nous, vous, ils* ou *elles*). Conjuguer un verbe, c'est lui faire subir ces variations.

CONSÉQUENCE La proposition circonstancielle de conséquence est une proposition subordonnée qui exprime le résultat d'une action ou d'un état.
   *Il fume tant **que sa voix est abîmée**.*

CONSONNE Dans l'alphabet latin, utilisé pour le français, il y a 20 consonnes :
b, c, d, f, g, h, j, k, l, m, n, p, q, r, s, t, v, w, x, z.
Pour la prononciation de ces consonnes, voir l'Alphabet Phonétique International.

DEGRÉ Il y a deux degrés de l'adjectif : le **comparatif** et le **superlatif**.

DÉSINENCE La désinence est la partie que l'on ajoute à la fin du verbe et qui donne la marque de personne et le temps du verbe.
   Il marchait.
« ait » est la désinence — le « t » est la marque de la troisième personne du singulier — « ait » indique l'imparfait.

DÉTERMINANT Un déterminant est un mot qui se place avant le nom, qui varie en genre et en nombre en fonction de celui-ci et le détermine.
Déterminer un nom c'est dire avec précision de quelle chose on parle. C'est le rôle du déterminant.
   ***Mon** livre ≠ **un** livre ≠ **le** livre que j'ai acheté hier.*

ÉNONCIATIVE Pour communiquer une information, on utilise la forme énonciative.
   Il viendra ce soir.
   Ce temps ne durera pas longtemps.
Cette forme s'oppose à l'interrogative et à l'impérative.

ÉPITHÈTE Un adjectif est appelé épithète lorsqu'il est placé à côté du nom.

Un grand appartement.
De vieux livres rares et précieux.

EXPLÉTIF Dans certaines propositions conjonctives ou circonstancielles on utilise « ne » dans un sens explétif c'est-à-dire : facultatif.

*Je crains qu'il **ne** vienne = je crains qu'il vienne.*
*Évite qu'il **ne** se fâche = Évite qu'il se fâche.*

Ici, « ne » n'a pas de sens négatif. Il indique que le style est soutenu.

EXPRESSION L'expression ou expression figée est un ensemble de mots, que l'on peut rarement traduire littéralement, qui désigne une idée ou une personne.

Prendre le taureau par les cornes.
C'est un oiseau de nuit.

Voir aussi : Mot composé.

FAMILIER Le style familier est la façon de parler que l'on utilise avec ses amis, sa famille. Il se caractérise par un moins grand respect de la norme grammaticale.

FAMILLE DE MOTS C'est l'ensemble des mots qui proviennent d'un même mot.

***jour**, **jour**née, **jour**nalier, **jour**nellement, **jour**nal, **jour**naliste, **jour**nalisme, a**jour**ner etc.*

FÉMININ Le féminin est un des deux genres du français. Un nom qui s'emploie avec par ex. l'article « la » ou « une », est féminin.

***La** porte, **une** fleur, **la** neige etc.*

GENRE Le français connaît deux genres : le **masculin** et le **féminin.**
Parfois le genre permet de distinguer deux mots :

Le manche (à balai) ≠ la manche (de veste).
Le poêle (à bois) ≠ la poêle (à crêpes).

GROUPE Le groupe désigne une classe de verbes qui ont la même fin à l'infinitif.
Premier groupe : tous les verbes qui finissent par -er.

chanter, parler, fermer etc.

Deuxième groupe : tous les verbes qui finissent par -ir et ont leur participe présent en -issant.

finir, pâlir, polir etc.

Troisième groupe : tous les autres verbes qui finissent par -ir : *tenir, venir, courir etc.*
par -re : *croire, tendre, battre etc.*
par -oir : *savoir, asseoir, émouvoir etc.*

La conjugaison des verbes est différente selon les groupes.

H ASPIRÉ On dit qu'un mot commence par un H aspiré lorsqu'on prononce la voyelle de l'article défini ou qu'on ne fait pas la liaison avec l'article indéfini ou la préposition qui précèdent.

Le hasard [ləaʒar],
un haricot [œ̃ariko],
en haut [ão].

H MUET On dit qu'un mot commence par un H muet lorsqu'on ne prononce pas la voyelle de l'article défini ou qu'on fait la liaison entre l'article indéfini ou la préposition et le nom.

L'hôtel [lotɛl],
un hôpital [œ̃nɔpital],
en habit [ãnabi].

IMMÉDIAT L'immédiat désigne une action très proche par rapport au moment présent :
dans le passé : *Il vient de partir.*
dans le futur : *Je vais lui téléphoner.*

IMPÉRATIVE Pour donner un ordre, on peut utiliser la forme impérative, il n'y a pas de pronom sujet exprimé.

Ecoute-moi !
Essayez de vous en souvenir !

On parle d'impératif positif (= affirmatif)

Regarde-moi !

ou d'impératif négatif.

***Ne** l'écoute **pas** !*

INANIMÉ Le nom inanimé désigne une chose.

La table, le temps, le monde, le printemps, etc.

INCHOATIF L'inchoatif désigne le début ou la fin de l'accomplissement d'une action ou d'un état.

Il commence à faire très froid depuis quelques jours.
Les ouvriers ont fini de réparer la route.

INDICATIF L'indicatif est un mode que l'on utilise pour exprimer une action ou un état que l'on présente comme réel, certain.

Il a réussi son examen.
Il lui a parlé quelques instants.

INFINITIF L'infinitif est la forme du verbe sous laquelle on le trouve dans les dictionnaires, elle permet de savoir à quel groupe il appartient. A l'infinitif, le verbe a les mêmes fonctions qu'un nom.

Je déteste nager dans l'eau salée.

Ici « nager » est complément d'objet direct de « détester ».

Marcher est mon sport préféré.

Ici « marcher » est sujet de « être ».

INFINITIVE Quand le sujet du verbe principal est le même que celui du verbe subordonné, on peut remplacer la proposition conjonctive par une proposition infinitive.

Il pense qu'il viendra.
Il pense venir.

Le sujet et le verbe sont remplacés par un infinitif.

INTERROGATIVE Pour poser une question, on peut utiliser la forme interrogative.

Qu'est-ce que vous pensez ?
Pouvez-vous venir voir ?

INVERSION DU SUJET On parle d'inversion du sujet lorsque le pronom sujet est placé après le verbe.

*Êtes-**vous** d'accord ?*

LIAISON Faire la liaison c'est prononcer la consonne finale d'un mot qui normalement n'est pas prononcée, quand le mot suivant commence par une voyelle, ou un H muet, et parce qu'il y a un lien grammatical entre ces deux mots.

les [lɛ] *enfants* [ãfã] mais : *les enfants* [lɛzãfã].

LOCUTION La locution adverbiale est un ensemble de mots qui ont une fonction d'adverbe.

par-ci par-là, par ailleurs, etc.

La locution propositionnelle est un ensemble de mots qui ont une fonction de préposition.

hors de, aux environs de, etc.

MASCULIN Le masculin est un des deux genres du français. Un mot qui s'emploie avec par ex. l'article « le » ou « un », est masculin.

Le *soleil,* **le** *chien,* **un** *crayon.*

MODE Le mode exprime l'attitude de la personne qui parle par rapport à ce qu'elle dit.
L'énoncé peut être simple :

Il est venu.

ou accompagné d'un jugement, d'une interprétation :

Il est possible qu'il soit venu.

Il y a sept modes en français : le **conditionnel**, l'**impératif**, l'**indicatif**, l'**infinitif**, le **gérondif**, le **participe** et le **subjonctif**.
L'infinitif, le participe et le gérondif ne se conjuguent pas.

MOT COMPOSÉ Le mot composé ou unité sémantique est un ensemble de mots parfois réunis par un trait d'union qui désignent un objet ou une personne. Le pluriel de ce nom suit des règles particulières.

des portes-fenêtres, des porte-bagages.

NÉGATION On parle de **négation absolue** quand on nie l'existence d'une chose ou qu'on refuse une chose.

Il n'y a **pas de** *pain.*
Nous ne voulons **pas de** *lait.*

On parle de **négation partielle** quand, après avoir nié l'existence d'une chose ou refusé une chose, on dit ce qui existe ou ce qu'on veut.

Il n'y a **pas un** *pain, il y a* **un** *croissant.*
Nous ne voulons **pas du** *lait, nous voulons* **du** *chocolat.*

NOM 1. **Le nom commun** désigne une chose ou une qualité qui peut exister à de nombreux exemplaires.

une fenêtre, un médecin, un verre.

2. **Le nom propre** désigne un individu ou une chose unique.

Pierre, la Seine, Bordeaux.

3. **Le nom comptable** désigne un objet que l'on peut compter.

un arbre, une heure, un livre.

4. **Le nom non comptable** désigne un objet que l'on ne peut pas compter.

le sel, la mer, l'air, l'eau.

5. **Le nom indéterminé** n'est pas déterminé (voir : Déterminant).

NOMBRE Il y a 2 nombres en français :
le singulier :

un homme, du pain, le sol.

et **le pluriel :**

des hommes, des pains, les sols.

OPPOSITION La proposition circonstancielle d'opposition exprime une action ou un état contraire à celle du verbe principal.

*Il regarde la télévision **tandis que je travaille**.*
*Il est sorti **alors qu'il est malade**.*

ORDINAL Le déterminant ordinal indique un rang, un classement.

*C'est **le premier** de la classe.*
*Il partira **la troisième** semaine de juillet.*

ORTHOGRAPHE L'orthographe est la façon correcte d'écrire les mots.

PARTICIPE Le participe est un mode du verbe. Il a 2 temps : présent et passé.
Au présent, il sert à former le gérondif.

*Il avançait **en chantant**.*

Au passé, à conjuguer les verbes aux temps composés.

*Il a **compris**, il est **parti**.*

Il peut aussi avoir les fonctions de l'adjectif.

*C'est une chaudière **pouvant** marcher au fuel et au charbon.*
*Ils cherchent une maison **orientée** à l'Ouest.*

PASSIVE La voix passive est une transformation de la voix active où le sujet de celle-ci devient complément d'agent, le complément d'objet direct devient sujet et où le verbe est conjugué avec l'auxiliaire être.

Voix active : *La police arrête le voleur.*

Transformation passive : *Le voleur **est** arr**êté par** la police.*

PHONÉTIQUE La phonétique est la discipline qui étudie les sons du langage.

PHRASE La phrase est un ensemble de mots qui suivent un ordre plus ou moins fixe et communiquent une information. À l'écrit, on commence une phrase par une majuscule et on la termine par un point.

PLURIEL Le pluriel est un des deux nombres du français. On ajoute, en général, un « s », parfois un « x », à la fin d'un mot.

Nos amis   *De beaux châteaux.*

POSTÉRIORITÉ Une action ou un état qui se produit **après** une autre action ou un autre état est postérieur à celui-ci.

PRÉPOSITION La préposition sert de lien entre des mots :

Entre un verbe et un nom : *Je vais **à** Paris.*

Entre 2 noms : *Une machine **à** laver.*

Entre 2 verbes : *Je l'ai acheté **pour** m'en servir longtemps.*

PRÉSENTATIF Le présentatif introduit un mot dans la phrase :

- Un verbe : ***C'est** venir qui a été difficile.*
- Un nom : ***C'est** un ami d'enfance.*
- Un pronom : ***C'est** toi qui a dit ça ?*
- Une proposition : ***C'est** skier hors des pistes balisées dont j'ai toujours rêvé.*

PRINCIPAL Le verbe principal est celui de la proposition principale, celle qui introduit la subordonnée.

*Je **crains** qu'il n'arrive trop tard.*

« Je crains » : proposition principale ;

« qu'il n'arrive trop tard » : proposition subordonnée.

*Je l'**ai écrit** pour que tu n'oublies pas.*

« Je l'ai écrit » : proposition principale ;
« pour que tu ne l'oublies pas » : proposition subordonnée.

PROCESSUS   Une action est un processus lorsqu'on la présente se déroulant dans le temps.

Ils marchaient dans la neige les uns derrière les autres.

PROGRESSIF   Le progressif est un aspect qui exprime une action en insistant sur son déroulement.

Ne le dérange pas maintenant, il est en train de faire ses devoirs.

PRONOM   Un pronom remplace un nom et peut avoir ses fonctions.

__Je__ ne suis pas d'accord.
__Il le lui__ a donné.
__Nous en__ avons parlé.
__Ils__ n'__y__ ont pas encore été.

PRONOMINAL   On appelle verbe pronominal, un verbe qui, en plus du pronom sujet, se conjugue avec un autre pronom, ce 2e pronom varie avec la personne.

*Je **me** suis décidé.*
*Tu **t'**es essuyé ?*
*Il **s'**est trompé.*
*Nous **nous** sommes perdus.*

PROPOSITION   Une proposition est une partie de phrase avec un verbe conjugué.

Il ne croit plus	*qu'il puisse venir*
1re proposition	2e proposition

PROSODIE   La prosodie est la discipline qui s'intéresse aux accents et à la mélodie des phrases.

QUESTION   Une question est une phrase par laquelle on demande une information (voir : Interrogation).

RADICAL   Le radical est la partie du verbe à laquelle on ajoute les désinences.

*Je **chant**e, il **viend**ra, nous **ven**ions.*

SEMI-AUXILIAIRE Un semi-auxiliaire est un verbe qui, suivi d'un infinitif, sert à marquer un aspect et ne perd pas totalement son sens.

*Nous **allons** bientôt partir.*
*Il **vient** de me le dire.*

SIMULTANÉITÉ Deux actions sont simultanées lorsqu'elles se passent en même temps.

*Il mange **en regardant** la télévision.*
*Je fais la cuisine **pendant que** tu lis ton journal.*

SINGULIER Le singulier est un des deux nombres du français.

***Un** arbre, **le** temps.*

SOUTENU On parle de style soutenu lorsque l'on respecte absolument toutes les règles aussi bien grammaticales que stylistiques.

SUBJONCTIF Le subjonctif est un mode qu'on utilise pour exprimer :
1. Un ordre

*Qu'il **vienne** !*
*J'exige qu'il **vienne** !*

2. Quelque chose que l'on présente comme incertain

*Je ne suis pas sûr que cela **soit** possible.*

3. Un sentiment

*Il est heureux que tu **restes**.*

SUBORDONNNÉ Le verbe subordonné est celui qui est introduit par une conjonction de subordination.

*Nous doutons **qu'**il en **soit** capable.*
*Il ne sera pas là **parce qu'** y **a** une grève des trains.*

SUFFIXE Un suffixe est un élément, qui ajouté à la fin d'un mot, en modifie le sens ou la fonction grammaticale.

sculpteur : « eur » indique la personne qui fait l'action.
sculpture : « ure » indique la chose matérielle obtenue.
petite : « e » indique que l'adjectif est féminin.

SUJET   Le sujet est la chose ou la personne qui effectue l'action ou subit l'état indiqué par le verbe. Dans une phrase énonciative il se trouve normalement avant celui-ci.

> *L'**hiver** sera bientôt fini.*
> ***Vous** avez compris ce qu'il a dit ?*

Sujet apparent
Dans un verbe unipersonnel on appelle sujet apparent le pronom : « il ».

> ***Il** pleut, **il** faut que.*

Sujet réel
Le sujet réel est le véritable sujet de l'expression.

> *Il est difficile de **faire ce travail**.*

« faire ce travail » est le sujet réel de « est difficile ».

SUPERLATIF   Le superlatif exprime que dans un ensemble de choses ou de personnes, une chose ou une personne possède une qualité :
- au plus faible degré : *Ce livre est **le moins** cher de tous.*
- au plus haut degré : *Paul est **le plus** grand de la famille.*

STYLE DIRECT   Le style direct est le style que l'on utilise quand on parle. A l'écrit on utilise des signes de ponctuation.

> ***Est-ce que** vous pouvez venir demain ?*
> ***Comme** il fait beau aujourd'hui ?*

STYLE INDIRECT   Le style indirect est utilisé lorsqu'on rapporte ce qu'a dit quelqu'un.

> *Il demande **si** vous pouvez venir demain.*
> *Il dit **combien** il fait beau aujourd'hui.*

SYLLABE   Une syllabe est un groupe de sons que l'on prononce ensemble, parmi lesquels il y a une voyelle.

> *Articulation* est composé de 5 syllabes, ar-ti-cu-la-tion (5 voyelles).
> *Université* est composé de 5 syllabes, u-ni-ver-si-té (5 voyelles).

SYNONYME   Deux mots sont synonymes lorsqu'ils ont le même sens.

une addition	est synonyme de « une somme » ;
un mont	est synonyme de « une montagne » ;
foncé	est synonyme de « sombre », etc.

TEMPS Le temps de la conjugaison : le temps est une forme du verbe qui donne à la fois une indication de temps proprement dit (maintenant, avant, après) et une indication d'aspect.

Par exemple, l'imparfait de l'indicatif indique que l'action est passée et qu'elle est présentée comme en train de se dérouler. On parle de :

- **Temps simple** lorsque le verbe est formé d'un seul mot :

   Il parle.

- **Temps composé** lorsque le verbe est formé d'un auxiliaire et du verbe proprement dit :

   Il a parlé.

- **Temps littéraire** lorsque le temps est utilisé seulement quand on écrit.

Expression du temps : la proposition circonstancielle de temps indique à quel moment s'est produit l'action ou l'état dont on parle.

   *Je regardais la télévision **quand il est arrivé.***

VERBE Le verbe est un mot qui varie suivant les personnes, le temps, le mode et la voix. Il donne une information à propos d'un sujet.

   *Il **se dirige** vers le métro.*
   *Elle **est** étudiante.*
   *Cette usine **fabrique** des voitures.*

Verbe défectif
Un verbe défectif est un verbe qui n'existe qu'à certains temps.

   paître, choir, seoir.

Verbe intransitif
Un verbe intransitif est un verbe qui ne peut pas avoir de complément.

   *Il a **marché** jusqu'à la gare.*
   *Nous **sommes assis** sur le banc.*

Verbe principal
Le verbe principal est celui qui introduit la proposition subordonnée.

   ***Je pense** que tu as eu tort.*
   ***Il est parti** quand nous sommes arrivés.*

Verbe pronominal
Un verbe pronominal est un verbe qui se conjugue avec deux pronoms.

   ***Je me** lave.*
   ***Il se** rappelle cette histoire.*

Verbe subordonné

Le verbe subordonné est celui qui est introduit par la conjonction de subordination.

*Comme il **entendait** du bruit dans le couloir, il a ouvert la porte.*

*Qu'il **soit** innocent, je n'en doute pas.*

Verbe transitif

Un verbe transitif est un verbe qui a :

un complément d'objet direct : *Nous **allons acheter** le journal.*

un complément d'objet indirect : *Il **parle** à son directeur.*

Verbe type

Un verbe type est un verbe qui appartient à une classe de verbes conjugués de la même façon et qui, dans ce livre, servira de représentant de cette classe.

Verbe unipersonnel

Un verbe unipersonnel est un verbe qui n'existe qu'à une personne : « il ». « Il » est un sujet apparent mais ne correspond à aucune personne ou chose.

Il pleut, il neige, il faudra.

VOIX La voix indique la relation entre le sujet, le verbe et son complément d'objet direct, on parle de voix active et de voix passive.

VOYELLE Une voyelle est un son produit par les cordes vocales sans émission de bruit. Dans l'alphabet latin les voyelles sont, a, e, i, o, u.

Voyelle orale

Une voyelle orale est une voyelle produite par la sortie de l'air par la bouche. [a] [e].

Voyelle nasale

Une voyelle nasale est une voyelle produite par la sortie de l'air par la bouche et par le nez. [ã] [õ].

Deuxième partie

GRAMMAIRE

1. a et à

1. a est la troisième personne du singulier du verbe avoir :

> *Il a un rendez-vous* (voir : Les verbes à 5 radicaux 40[6]).

2. à est une préposition qui indique :
- l'heure :
> *Je viens à quatre heures.*
- le lieu où l'on est (pour une ville ou une petite île) :
> *Je suis à Paris.*
- le lieu où l'on va (pour une ville ou une petite île) :
> *Je vais à Paris.*
- le complément d'objet indirect :
> *Je le donne à Henri.*
- certains moyens de locomotion :
> *à pied*

ou sur lesquels on peut monter :
> *à cheval, à bicyclette, à vélomoteur, à moto*

- l'utilisation d'un objet :
> *Une machine à laver, un fer à repasser.*
- la caractéristique :
> *L'homme à l'écharpe rouge.*
- le prix :
> *Des pommes à 10 F le kilo.*
- la saison seulement pour le printemps :
> *Je viendrai au printemps.*
- la possession :
> *Ce livre est à moi* = ce livre m'appartient,
> *cet argent est à toi, cette écharpe est à Martine.*

« **à** » s'utilise après certains adjectifs :
agréable, beau, bon, désagréable, difficile, facile, gai, impossible, inintéressant, intéressant, léger, long, lourd, mauvais, triste, vilain, etc.
et est suivi de l'infinitif :

> *Cette musique est agréable à écouter*, mais : *Il est agréable d'écouter cette musique ;*
> *Ce travail est facile à faire*, mais *Il est facile de faire ce travail.*

2. Abréviation

L'abréviation se prononce comme le mot complet :

    M. = Monsieur ; pluriel : MM. = Messieurs
    Mme = Madame ; pluriel : Mmes = Mesdames
    Mlle = Mademoiselle ; pluriel : Mlles = Mesdemoi-
    selles
    Mgr = Monseigneur
    Dr = Docteur
    Me = Maître (pour un avocat ou un notaire)
    p. = page ; pluriel : pp. = pages
    P.-S. = post-scriptum [pɔstskriptɔm] s'emploie lors-
    qu'on ajoute quelque chose au bas d'une lettre, après
    avoir signé.
    c.-à-d. = c'est-à-dire
    cf. = confer, indique qu'il faut se reporter à un autre
    paragraphe.
    etc. = et cetera = et caetera
    Cie = compagnie
    no = numéro
    do = degré
    o C = degré Celsius.

3. Accent

1. L'accent aigu (´) ne se met que sur la voyelle « e » ;
« é » se rencontre :
- en fin de mot :
    chanté, jeté, dictée, cuillerée, dé, thés, nés etc.

- en milieu de mot avant une consonne :
    réparer, appétit, déterminer etc.

2. L'accent grave (`) se met :

a) sur la voyelle « e » ; « è » se rencontre :
- en fin de mot :
    après, dès, ès, lès etc.

- en milieu de mot, avant une consonne :
    frère, dernièrement, deuxièmement...

e + 2 consonnes ou **e + x** n'a jamais d'accent

    espérer, effacer, il appelle, examen, exact etc.

b) sur la voyelle « a » pour distinguer deux mots :
    à ≠ a (voir ce paragraphe), *la ≠ là, ça ≠ çà* etc.
et : *deçà, delà, holà, voilà, déjà.*

c) sur la voyelle « u » pour distinguer « ou » et « où ».

3. L'accent circonflexe (ˆ) se met sur les voyelles : a, e, i, o, u.

a) il marque la chute d'une lettre de l'ancienne orthographe.

Fenêtre, hôpital, hôtel, bâtir, abîme, âge, tête.

b) il permet de distinguer deux mots :

du (article contracté) ≠ *dû* (participe passé de devoir)
cru (participe passé de croire) ≠ *crû* (participe passé de croître)
mur (nom) ≠ *mûr* (adjectif)
notre (déterminant) ≠ *le nôtre* (pronom possessif)
sur (préposition ou adjectif = aigre) ≠ *sûr* (adjectif = certain).

4. Prosodie

Le français est une langue à accent fixe. Quand on dit un seul mot, l'accent est toujours sur la dernière voyelle prononcée.

arbre, l'accent est sur le « a » ;
radio, l'accent est sur le « o » ;
examen, l'accent est sur « en » ;
philosophie, l'accent est sur le dernier « i », etc.

Mis dans une phrase le mot perd son accent.

Il vient de passer un examen de philosophie.

« vient » et « examen » n'ont pas d'accent, seulement *« passer »* et *« philosophie »* en ont. Pour avoir plus d'explications se reporter à des livres de phonétique et de prosodie.

A condition que (voir : Condition 37[5])

4. Accord

On parle d'accord entre :
1. le déterminant et le nom
2. l'adjectif et le nom
3. le participe passé et le sujet
4. le participe passé et le complément d'objet direct

1. Le déterminant et le nom

Le déterminant s'accorde en genre et en nombre avec le nom qu'il détermine.

> *maison* (nom féminin) → déterminant féminin : *la maison, une maison.*
> *arbre* (nom masculin) → déterminant masculin : *un arbre, l'arbre.*
> *maisons* (nom pluriel) → déterminant pluriel : *des maisons, les maisons.*

2. L'adjectif et le nom

L'adjectif s'accorde en genre et en nombre avec le nom qu'il qualifie.

> *appartement* (nom masculin) → adjectif masculin : *un grand appartement ; au pluriel : de grands appartements.*
> *fille* (nom féminin) → adjectif féminin : *une fille intelligente et travailleuse ; au pluriel : des filles intelligentes et travailleuses.*

Si un adjectif qualifie à la fois un nom masculin et un nom féminin, il se met au masculin pluriel.

> *Il a un garçon et une fille intelligents.*
> *Son appartement et sa maison sont très grands.*

On préfère écrire :

> *Il a une fille et un garçon intelligents.*
> *Sa maison et son appartement sont très grands.*

3. Le participe passé et le sujet

Lorsque le verbe est conjugué avec l'auxiliaire « être », le participe passé s'accorde avec le sujet :
ex. : avec le participe passé du verbe « sortir » :

> *Mon fils est sorti, ma fille est sortie.*
> *Mes fils sont sortis, mes filles sont sorties.*

4. Le participe passé et le complément d'objet direct

Lorsque le verbe est conjugué avec l'auxiliaire « avoir », le participe passé s'accorde avec le complément d'objet direct si celui-ci est passé **avant** l'auxiliaire et le verbe. Le complément d'objet direct peut être un pronom ou un nom.

Si le complément d'objet direct est masculin, on n'ajoute rien.

> Le **livre que** j'ai acheté est sur le bureau.
> Ce livre, je **l'**ai acheté hier.

Au pluriel, on ajoute un « s »,

> Les livres que j'ai achetés sont sur le bureau.
> Ces livres, je les ai achetés hier.

Si le complément d'objet direct est féminin, on ajoute le « e » du féminin.

> L'affiche **que** tu as accrochée au mur ne me plaît pas.
> Cette lampe, je **l'**ai achetée il y a longtemps.

Au pluriel, on ajoute un « s ».

> Les affiches que tu as accrochées au mur ne me plaisent pas.
> Ces lampes, je les ai achetées il y a longtemps.

5. Cas des verbes pronominaux

Si le verbe est essentiellement pronominal, il suit la règle de l'accord avec « être », à l'exception de « s'arroger » qui s'accorde avec le complément d'objet direct s'il est placé avant le verbe.

Principaux verbes qui s'accordent toujours

s'absenter	se douter de	s'évader	s'oublier
s'abstenir	s'échapper	s'évanouir	se passer de
s'acharner	s'écouler	s'évaporer	se plaindre
s'affaiblir	s'écrier	s'éveiller	se prélasser
s'agenouiller	s'écrouler	se féliciter	s'en prendre à
s'apercevoir de	s'efforcer	se formaliser	s'y prendre
s'approcher	s'emparer de	se hâter	se presser
s'arrêter	s'empresser	s'infiltrer	se promener
s'attacher à	s'en aller	s'ingénier	se rebeller
s'attaquer à	s'endormir	s'ingérer	se récrier
s'attendre	s'enfuir	s'insurger	se recroqueviller
s'avancer	s'ennuyer	se jouer de	se réfugier
se chamailler	s'en retourner	se lamenter	se réjouir
se connaître à	s'en revenir	se lever	se repentir
se démener	s'envoler	se méfier de	se résoudre à
se désister	s'éprendre de	se méprendre	se saisir de
se disputer (avec)	s'étonner	se moquer	se sauver

Les verbes pronominaux à sens passif s'accordent toujours avec le sujet.

> Cette langue s'est parlée jusqu'au XIIe siècle. = A été parlée.
> Cette histoire se transmet de père en fils = Est transmise.

Pour les autres verbes pronominaux, on accorde avec le complément d'objet direct s'il représente le même objet que le sujet.

> Elles se sont lavées = elles ont lavé elles-mêmes.

Le complément d'objet direct : « elles-mêmes », représente la même personne que le sujet « elles », donc on fait l'accord.

Mais :

Elles se sont lavé les mains = elles ont lavé leurs mains.

Le complément d'objet direct : « leurs mains », n'est pas la même chose que le sujet : « elles », on ne fait pas l'accord.

Liste des verbes toujours invariables

se convenir	se plaire	se rire de	se survivre
se mentir	se déplaire	se sourire	s'en vouloir
se nuire	se complaire	se succéder	
se parler	se ressembler	se suffire	

5. A ce que

Lorsqu'un verbe se construit avec la préposition « à », la proposition conjonctive qui suit est introduite par la conjonction de subordination « à ce que ».

Il ne s'attendait pas à ce que nous venions (s'attendre à).
Je ne tenais pas à ce que vous le disiez. (tenir à).

Addition (nombre formé par addition) (voir : Déterminant numéral 53^4)

Adjectif démonstratif (voir : Déterminant 53^2)

Adjectif exclamatif (voir : Déterminant 53^7)

Adjectif indéfini (voir : Déterminant 53^3)

Adjectif interrogatif (voir : Déterminant 53^6)

Adjectif numéral (voir : Déterminant 53^4)

Adjectif ordinal (voir : Déterminant 53^5)

Adjectif possessif (voir : Déterminant 53^1)

6. Adjectif qualificatif

L'adjectif s'accorde en genre et en nombre avec le nom auquel il se rapporte (voir : Accord 4^2).

Un adjectif peut être :

épithète : *Une ancienne chanson française.*

attribut : *Il est grand. La pièce est sombre.*

1. Place de l'adjectif épithète

CAS DES ADJECTIFS COURTS

Un petit nombre d'adjectifs courts, les plus fréquents, se place avant le nom. Il s'agit de petit, grand, gros, bon, beau, joli etc.

> *Un beau visage.*
> *Un grand film.*
> *Un gros morceau.*
> *Un bon livre.*

CAS DES PARTICIPES

Les participes passés et souvent les adjectifs en « ant » se placent normalement après le nom.

> *Un miroir grossissant.*
> *Un visage étonné.*
> *Un examen raté.*

ADJECTIFS SE PLAÇANT APRÈS LE NOM

Les adjectifs de forme, de couleur, de nationalité, de religion se placent toujours après le nom.

> *Un passeport américain.*
> *Une table rectangulaire.*
> *Un pull-over bleu.*
> *Un prêtre orthodoxe.*

PROBLÈME DE LA PLACE ET DU SENS

En règle générale l'adjectif se met après le nom et si on le met avant, cela ne change pas le sens, mais la phrase est plus expressive.

> *Un parc immense ≠ Un **immense** parc.*
> *Un tableau magnifique ≠ Un **magnifique** tableau.*

Dans certains cas, la place de l'adjectif entraîne un changement de sens.

> *Un brave homme = Un homme gentil, attentionné.*
> *Un homme brave = Un homme courageux.*
> *Une pauvre femme = Une femme qui n'a pas de chance.*
> *Un femme pauvre = Une femme qui n'a pas d'argent.*
> *Un grand homme = Un homme exceptionnel.*
> *Un homme grand = Un homme de haute taille.*

Une seule femme = Seulement une femme.
Une femme seule = Une femme non accompagnée.
Ma propre maison = La maison qui m'appartient.
Une maison propre = Une maison qui est bien tenue.

2. Formation du pluriel

CAS GÉNÉRAL

> pluriel = singulier + s

Le « s » n'est pas prononcé.

CAS PARTICULIERS

Singulier	Pluriel	
-s	-s	*un pull gris* → *des pulls gris ;*
-x	-x	*un homme heureux* → *des hommes heureux ;*
-eau	-eaux	*un frère jumeau* → *des frères jumeaux ;*
-al	-aux	*un examen final* → *des examens finaux.*

Exceptions : *banal, bancal, fatal, natal et naval* →
banals, bancals, fatals, natals, navals.

● Adjectif de couleur + adjectif de couleur
   Un chemisier bleu pâle → *Des chemisiers bleu pâle.*
   Un drapeau bleu et rouge → *Des drapeaux bleu et rouge.*

Adjectif de couleur = nom
   Un foulard prune → *Des foulards prune.*
   Un rideau jonquille = Des rideaux jonquille.

● Grand, large, frais, premier, dernier + participe passé
varient en genre et en nombre :
   Le garage est grand ouvert.
   La porte est grande ouverte.
   Les fenêtres sont larges ouvertes.

● Adjectifs composés (voir : Mot composé 91).

3. Formation du féminin

CAS GÉNÉRAL

> féminin = masculin + e

Prononciation : un mot terminé par une voyelle au
masculin est identique au féminin.
   Répandu → *répandue*

Un mot terminé par une consonne non prononcée au
masculin, cette consonne est prononcée au féminin.
   petit → *petite*
   bon → *bonne*

REDOUBLEMENT DE LA CONSONNE

Masculin		Féminin	
-el	*nouvel*	-elle	*nouvelle*
-eil	*vieil*	-eille	*vieille*
	nul		*nulle*
	gentil		*gentille*
-en	*ancien*	-enne	*ancienne*
-on	*breton*	-onne	*bretonne*
	paysan		*paysanne*
-et	*muet*	-ette	*muette*

Exception : complet, incomplet, concret, désuet, discret, indiscret, inquiet, replet, secret ont leur féminin en -ète.

	complet		*complète*
-ot	*vieillot*	-otte	*vieillotte*
		pour les adjectifs : boulot, pâlot, sot, vieillot.	
-s	*bas*	-sse	*basse*
		pour les adjectifs : bas, gras, las, épais, gros.	
	métis		*métisse*

CHANGEMENT DE CONSONNE

Masculin		Féminin	
	frais		*fraîche*
-f	*bref*	-ve	*brève*
	neuf		*neuve*
-eux	*heureux*	-euse	*heureuse*
	jaloux		*jalouse*
	mais : *vieux*		*vieille*
	doux		*douce*
-c	*sec*	-che	*sèche*
	franc (= sincère)		*franche*
-c	*caduc*	-que	*caduque*
pour les adjectifs : franc (= le peuple germanique), public, turc			
	mais : *grec*		*grecque.*

CAS PARTICULIER

-er → -ère : *léger → légère*
pour les adjectifs : amer, cher, fier, le « r » final est prononcé au masculin. *amer → amère*
-eau → -elle : *beau → belle*
  nouveau → nouvelle
fou → folle
mou → molle

ADJECTIFS EN -EUR

Quand **radical du verbe = radical de l'adjectif**
⇒ **-eur → -euse :**

> **men**tir, **men**teur → menteuse
> **jou**er, **jou**eur → joueuse

Exceptions : exécuteur, exécutrice, persécuteur, persécutrice, enchanteur, enchanteresse, vengeur, vengeresse.

Quand **radical du verbe ≠ radical de l'adjectif**
⇒ **-eur → -trice**

> **proté**ger ≠ **protec**teur → protectrice.

Les adjectifs suivants : meilleur, antérieur, postérieur, extérieur, intérieur, majeur, mineur, supérieur, inférieur, prennent un « e » au féminin.

4. Les degrés de l'adjectif

LES COMPARATIFS

supériorité		plus	+ ADJECTIF + que
égalité	ne... pas	aussi aussi	
infériorité		moins	

> *Pierre est **plus** blond **que** son frère.*
> *Pierre est **aussi** blond **que** son frère.*
> *Pierre **n'**est **pas aussi** blond **que** son frère.*
> *Pierre est **moins** blond **que** son frère.*

On peut dire aussi :

> *Ce monument est **beaucoup plus** beau **que** celui que nous avons vu hier.*
> *C'est **un peu moins** cher **que** je le pensais.*

LES SUPERLATIFS

supériorité infériorité	le plus le moins	+ ADJECTIF (+ de)

> *Il est **le plus** compétent.*
> *Il est **le moins** compétent **de** l'équipe.*

Pour renforcer, on peut dire :

> *Il est **de loin le plus** efficace **de** tous.*

	Supériorité	
	Comparatif	Superlatif
bon petit mauvais	meilleur que moindre que (1) pire que	le meilleur le moindre le pire

(1) « *Moindre* » et « *le moindre* » s'emploient au sens moral, au sens concret on utilise « *plus petit que* », « *le plus petit* ».
La difficulté est **moindre que** je ne le craignais.
Mon appartement est **plus** petit **que** le tien.

7. Adverbe

L'adverbe est invariable. Il qualifie le verbe, l'adjectif ou un autre adverbe.

Il écrit **bien**.
C'est un garçon **très** intelligent.
Il parle **trop** vite.

1. Formation des adverbes

Beaucoup d'adverbes sont très différents de l'adjectif qui a le même sens qu'eux.

adjectif : *bon*   adverbe : *bien*
adjectif : *mauvais* adverbe : *mal*

Une même famille de mots n'a pas forcément un adjectif et un adverbe, ainsi à l'adverbe « vite » ne correspond aucun adjectif de la même famille, le plus proche est par ex. : « rapide ».

Beaucoup d'adverbes sont formés sur le féminin de l'adjectif + ment.

CAS GÉNÉRAL

ADVERBE = ADJECTIF au féminin + ment

grande + *ment* = *grandement*
rapide + *ment* = *rapidement*

CAS PARTICULIER

L'adjectif au masculin finit par une voyelle autre que « e », on a :

ADVERBE = ADJECTIF au masculin + ment

joli + *ment* = *joliment*.
vrai + *ment* = *vraiment*.
poli + *ment* = *poliment*.

ADVERBE = ADJECTIF au masculin + ^ + ment

assidu → assidûment
continu → continûment
gai → gaîment

ADVERBE = ADJECTIF au féminin + ´ + ment

commode → commodément
commune → communément
énorme → énormément
précise → précisément
profonde → profondément
aveugle → aveuglément

ADJECTIF en -ant | ADVERBE = ADJECTIF + amment | amment =
ADJECTIF en -ent | ADVERBE = ADJECTIF + emment | emment = [amɑ̃]

vaillant -ant = vaill + amment = vaillamment
constant -ant = const + amment = constamment
évident -ent = évid + emment = évidemment
fréquent -ent = fréqu + emment = fréquemment

2. Place de l'adverbe

Pour les temps simples, l'adverbe se place **avant** l'adjectif ou l'adverbe, mais **après** le verbe qu'il qualifie.

Aux temps composés, les adverbes de manière et de quantité d'une syllabe se placent entre l'auxiliaire et le verbe.

*Il travaille **bien** ; il a **bien** travaillé.*
*Il écrit **mal** ; il a **mal** écrit.*
*Il mange **trop** ; il a **trop** mangé.*
*Il dort **peu** ; il a **peu** dormi.*

Pour les adverbes de négation :
aux temps simples : « ne » est avant le verbe et « pas » après ;
aux temps composés, « ne » est avant l'auxiliaire et « pas » après :

*Il **ne** vient **pas**. Il **n'**est **pas** venu.*
*Il **ne** voyage **plus**. Il **n'**a **plus** voyagé.*
*Il **ne** rit **jamais**. Il **n'**a **jamais** ri.*

3. Les degrés de l'adverbe

LE COMPARATIF

Supériorité

plus + | ADJECTIF | + **que** | *Il est **plus** intelligent **que** moi.*
| ADVERBE | | *Il marche **plus** vite **que** toi.*
| VERBE | | *Il travaille **plus que** nous.*

Égalité

aussi	+	ADJECTIF ADVERBE	+ **que**	*Il est **aussi** sérieux **que** l'autre.* *Il parle **aussi** bien **que** son ami.*

aussi + ADJECTIF / ADVERBE + **que**
*Il est **aussi** sérieux **que** l'autre.*
*Il parle **aussi** bien **que** son ami.*

autant + VERBE + **que** *Il mange **autant que** son frère.*

Infériorité

moins + ADJECTIF / ADVERBE / VERBE + **que**
*Il est **moins** foncé **que** l'ancien.*
*Il réussit **moins** bien **que** toi.*
*Il joue **moins qu'**avant.*

LE SUPERLATIF

Supériorité : le plus.
Infériorité : le moins.

CAS PARTICULIERS

Adverbes	Comparatif de supériorité	Comparatif d'égalité	Comparatif d'infériorité	Superlatif de supériorité	Superlatif d'infériorité
Beaucoup	plus... que	autant... que	moins... que	le plus	le moins
Bien	mieux... que	aussi bien... que	moins bien... que	le mieux	le moins bien
Mal	plus mal... que	aussi mal... que	moins mal... que	le plus mal	le moins mal
Peu	moins... que	aussi peu que	plus... que	le moins	le plus

Afin de (voir : But 23)
Afin que (voir : But 23)

8. Agent

Souvent un nom qui désigne un agent est formé du
radical du verbe + le suffixe « eur ».

> *coiffer — -er = coiff + eur = coiffeur, celui qui coiffe.*
> *danser — -er = dans + eur = danseur, celui qui danse.*
> *sculpter — -er = sculpt + eur = sculpteur, celui qui
> sculpte.*

Pour la formation du féminin voir nom 95[2].

Le complément d'agent (voir : Voix passive 107).

Le complément d'agent est la plupart du temps introduit par la préposition « par ».

*Cette maison a été détruite **par un incendie**.*
*Le voleur a été arrêté **par la police**.*
*Le bateau a été retardé **par la tempête**.*

Il peut être introduit par la préposition « de » lorsque l'action n'est pas subie par quelqu'un.

*Le sol est couvert **de papiers**.*
*Les concurrents sont accompagnés **de leurs amis**.*
*Ses avis sont écoutés **de tous**.*

A (la) condition de (voir : Condition 37^2)
A condition que (voir : Condition 37^5)
A laquelle (voir : Pronom relatif 124 et Pronom interrogatif 121)

9. Aller

« Aller » peut être un verbe, vérifier ses nombreux sens dans un dictionnaire.
« Aller » peut être un semi-auxiliaire et indiquer le futur immédiat. (Voir : Aspects, Immédiat 13^3)

*Restez, il **va** arriver bientôt.*
*Nous **allons** partir en vacances ce soir.*

A moins que (voir : Condition 37^4)

10. Après

« Après » est une préposition. Elle peut être suivie :

a) d'un nom ou d'un pronom :

__Après__ son retour, nous sommes allés au bois.
*Je passerai **après** toi.*
*Nous partirons **après** le coucher du soleil.*
__Après__ cela, rien n'a plus été comme avant.

b) d'une proposition infinitive :

*Il a répondu **après avoir** beaucoup **réfléchi**.*

c) d'une proposition circonstancielle :

__Après que__ vous aurez fini, vous pourrez partir.
*Ils se voyaient souvent **après qu**'ils aient fini leur travail.*
(voir : Temps 140^2)

11. A qui

(voir : Pronom relatif 124 et Relative 132[4])
> *L'homme **à qui** tu as parlé est étranger.*

(voir : Pronom interrogatif 121 et Question 130).
> ***A qui** écris-tu ?*

12. Article

(voir aussi : Déterminant 53).

	DÉFINI	INDÉFINI	PARTITIF
Masculin singulier	le, l' (1)	un	du, de l' (1)
Féminin singulier	la, l' (1)	une	de la, de l' (1)
Pluriel	les	des	des

(1) Cette forme s'emploie avant une voyelle ou un H muet.
   l'homme, de l'alcool, l'heure, de l'essence, etc.
(voir aussi le paragraphe sur le « H » 67).

1. L'article défini

EMPLOI

Avant un objet que tout le monde connaît :
> *Je n'aime pas **la** neige.*
> ***La** mer est dangereuse.*
> *Il faut protéger **la** nature.*

Avant un nom singulier à sens pluriel :
> ***L'**homme est mortel* (= tous les hommes sont mortels).
> ***Le** chien est un mammifère* (= tous les chiens sont des mammifères).
> ***L'**orchidée est une fleur fragile.*

Avant un nom déterminé :
> ***L'**homme à qui tu as parlé ne me plaît pas.*
> ***Le** livre que tu as acheté est très intéressant.*
> *Je veux **la** pomme qui est là.*
> ***Le** pardessus de mon père n'est pas beau.*
> *J'ai oublié **le** pull de Jean.*
> *Apporte **la** lettre de ta sœur.*

2. L'article défini contracté

Article défini	Préposition « à »	Préposition « de »
Le (1)	au	du
La	à la	de la
Les	aux	des

(1) Au singulier, il y a contraction avec les noms masculins qui commencent par une consonne :

[à]
*Je vais **au** parc.*
*Je vais **au** cinéma.*
mais :
*Je vais **à l'**aéroport.*
*Je vais **à l'**hôpital.*

[de]
*C'est le livre **du** garçon blond.*
*Voici la réponse **du** directeur.*
mais :
*C'est le livre **de l'**étudiant blond.*
*Voici la réponse **de l'**assureur.*

Au féminin, on dit toujours :

*Je vais **à la** gare.*
*Je vais **à l'**école.*

*J'ai peur **de la** tempête.*
*J'ai envie **de l'**écharpe rouge.*

Au pluriel on dit toujours :

*Il a répondu **aux** étudiants.*
*Il s'intéresse **aux** mathématiques.*

*Il a besoin **des** allumettes.*
*Il se sert **des** oiseaux.*

3. L'article indéfini

	Masculin	Féminin
Singulier	un	une
Pluriel	des	

EMPLOI

Il s'emploie quand on ne précise pas de quel objet on parle :

> *Il y a **un** livre sur la table.*
> *Je veux **une** orange.*
> *Il a acheté **une** nouvelle voiture.*
> *Nous avons vu **un** nouveau film.*

CAS DES EXPRESSIONS

On dit :

> *Avoir peur* mais *Avoir **une grande** peur.*
> *Avoir soif* mais *Avoir **une** soif **incroyable**.*
> *Avoir faim* mais *Avoir **une** faim **énorme**.*
> *Avoir du courage* mais *Avoir **un grand** courage.*
> *Avoir de la température* mais *Avoir **une** température **élevée**.*

COMPLÉMENT DE NOM ≠ MOT COMPOSÉ

Un complément de nom est différent d'un mot composé.

● Complément de nom :

Les cheveux de la fillette.
Les jouets de mes enfants.
Le chat de cette femme.

Un complément de nom est composé de :

DÉTERMINANT + NOM + DE + DÉTERMINANT + NOM

● Mot composé :

Des clés de voiture.
Une assurance-vie.
Une machine à laver.

Un mot composé est constitué de :

DÉTERMINANT + NOM + (PRÉPOSITION) + NOM

On utilise l'article défini avant le complément de nom :

Un livre de mathématiques.

mais :

*Le livre de mathématiques **de mon frère**.*

et l'article indéfini avant le mot composé :

Un paquet de cigarettes.

mais :

*Le paquet de cigarettes **de mon père**.*

(voir aussi : Pronom indéfini 120).

4. L'article partitif

	Masculin	Féminin
Singulier	du	de la
Pluriel	des	

EMPLOI

Il s'emploie avec les noms non-comptables : le vin, le sel, l'eau, la viande, le papier, le soleil, la mer etc. Cet article signifie qu'on prend une partie d'un tout et s'emploie avec les verbes qui ont le même sens :

*Je **mets du** sel dans la sauce.*

mais :

*J'**aime le** sel.*

et :

*J'**aimerais du** sel.*

Ici « aimerais » = « voudrais avoir ».

On peut dire :

*J'achète **du** veau pour le déjeuner.*

mais :

*Le fermier a acheté **un** veau.*
*Garçon, apportez-moi **un** café.*
*Je vais à la cuisine faire **du** café.*
*Je vais chez le boulanger acheter **un** pain et deux baguettes.*
*Peux-tu me donner **du** pain ?*

5. Problèmes communs aux articles définis et partitifs

L'ADJECTIF AVANT LE NOM AU PLURIEL

Si on a : **adjectif** + **nom** non déterminé :

***Une** délicieuse pâtisserie.*
***Du** magnifique travail.*

le pluriel est :

***De** délicieuses pâtisseries.*

On emploie la préposition « de » sans article.

LA NÉGATION ABSOLUE

Est-ce que tu veux une cigarette ?
*Non, je ne veux **pas de** cigarette maintenant.*

Il ne veut pas de cigarette et ne demande rien d'autre.

Est-ce que tu veux du pain ?
*Non, je ne veux **pas de** pain.*

Il ne veut pas de pain et ne demande rien d'autre, dans ce cas on utilise la préposition « de » sans article.

NÉGATION ABSOLUE ≠ NÉGATION PARTIELLE

Qu'est-ce que tu veux, du whisky ?
*Je ne veux **pas du** whisky, je veux **du** Cognac.*

Est-ce qu'il y a un livre de mathématiques sur la table ?
*Il n'y a **pas un** livre de mathématiques, il y a **un** livre de physique.*

D'abord on dit : « non », puis on affirme, on emploie alors un article : **du** whisky, **un** livre de mathématiques.

PHONÉTIQUE

Avant une consonne ou un H aspiré au pluriel, on ne fait jamais la liaison.
Avant une voyelle ou un H muet au pluriel, on fait toujours la liaison.

13. Aspect

Nous ne parlerons ici que des temps utilisés dans la conversation courante.

1. Non accompli ≠ accompli

L'action peut être non accomplie ou accomplie. Nous pouvons ainsi présenter un tableau qui, à chaque aspect et à chaque moment, donne un temps de la conjugaison.

	Non accompli	Accompli
maintenant	présent	
passé	imparfait	passé composé plus-que-parfait
futur	futur simple	futur antérieur

Nous allons préciser l'emploi des temps de la conjugaison (voir aussi : Conjugaison 40).
Ne pas oublier que la valeur d'un temps est donnée aussi par le sens du verbe et des prépositions ou des adverbes utilisés.

LE PRÉSENT

- Il est employé pour exprimer **une action ou un état qui se produit maintenant** :
> *J'écoute de la musique.*
> *J'ai mal à la tête.*

- Il exprime une **habitude.**
> *Je prends le train de 7 h 03.*
> *Je mange à la cantine.*

- Il exprime une **vérité générale.**
> *L'eau bout à 100° C.*
> *Le soleil se lève à l'Est.*

- Il exprime un **passé récent** par rapport au présent.
> *Je raccroche à l'instant.*
> *Je sors de chez le coiffeur.*

- Il exprime un **futur proche** par rapport au présent, une action que l'on est décidé à faire.
> *Je pars en Hollande à la fin de la semaine.*
> *J'arrive tout de suite.*

L'IMPARFAIT

L'imparfait est **l'équivalent du présent** dans le passé. C'est pourquoi il n'indique pas les limites de l'action.

On ne sait de façon certaine ni quand l'action a commencé, ni quand elle a fini.

A cette époque-là, on faisait la cuisine dans la cheminée.
Les gens croyaient que la terre était plate.

L'action peut être longue :

La neige fondait, on pourrait dans quelques mois mener les animaux sur les champs libérés.

ou courte :

Après avoir dit cela, il tombait de cheval et se cassait la jambe.

- Il s'emploie pour planter le **décor de l'action.**

C'était l'hiver, il faisait froid, la neige recouvrait tout, les gens restaient chez eux...
Je téléphonais quand il est entré.

ou **décrire un personnage.**

Il était assis dans le train, il portait un manteau bleu marine, une écharpe autour du cou, il avait les cheveux châtains...

- Il indique un **passé** ou un **futur immédiats** par rapport à un moment passé.

Je n'ai pu lui parler que cinq minutes, il devait aller à l'aéroport.
Finalement je ne suis pas arrivé en retard, les autres étaient là seulement depuis quelques minutes.

- Il s'utilise par **politesse** pour demander quelque chose sans idée de passé.

Je voulais te demander si tu pouvais me prêter ta voiture.

- Il s'utilise pour faire une hypothèse que l'on exclut.

Si je partais demain, je pourrais le rencontrer (mais je ne partirai pas demain).

LE PASSÉ COMPOSÉ

- Indiquant l'accompli, il peut avoir la **valeur d'un présent.**

Il est sorti. = il n'est pas à la maison.
Ils ont déménagé. = ils n'habitent plus ici.

- Indiquant le passé, **il donne les limites de l'action.**

Il est parti ce matin à 7 h.
J'ai travaillé pendant deux jours.

- Il peut indiquer un **futur proche.**

J'ai fini dans cinq minutes.

- Il s'emploie dans une **énumération d'actions** avec l'idée de progression.

Il est descendu de voiture, s'est avancé vers l'architecte, ils se sont enfermés dans le bureau, ils ont discuté violemment pendant quelques minutes et il est reparti aussitôt.

On entend souvent des étrangers dire :

Hier je n'étais pas dans la classe.

L'utilisation de l'imparfait ici est une erreur. En effet, ce qui est important dans cette phrase, ce n'est pas que les limites de l'action ne soient pas marquées, c'est que l'action ait été ou non accomplie. On doit donc utiliser le passé composé :

Hier je n'ai pas été en classe.

- Comparez :

Nous déjeunions ensemble tous les midis.

et :

Nous avons déjeuné ensemble tous les midis.

La première phrase présente tous les repas comme une seule action dont les limites ne sont pas données. Dans la deuxième au contraire, l'accent est mis sur l'addition d'actions.

LE FUTUR

Il exprime **une action ou un état futurs par rapport au moment présent**.

Cet été j'irai en Australie.
Quand je serai grand je serai médecin.
Dimanche, si tu veux, nous irons au bord de la mer.

Il s'emploie aussi dans des ordres oraux atténués.

Quand tu auras fini tes devoirs, tu seras gentil de mettre la table.
Vous enverrez cette lettre ce soir si possible.

LE FUTUR ANTÉRIEUR

Il exprime **une action future** mais qui se produira **avant une autre action future**. (voir aussi : Temps 140)

Quand tu auras fini ton livre, tu me le prêteras.
Quand il aura fait plusieurs fois la même erreur, il ne recommencera plus.

Il s'utilise pour faire une **hypothèse**, par exemple pour essayer d'expliquer le retard inattendu de quelqu'un, on dira :

Il aura manqué son train.

LE PLUS-QUE-PARFAIT

Il exprime **une action ou un état antérieur à une action ou un état lui-même passé**. (voir aussi : Temps 140)

J'étais rentré chez moi depuis 10 mn quand il a appelé.

Il peut s'employer — sans sens passé — **par politesse** pour atténuer une demande ou une affirmation.

J'étais venu vous voir à propos de notre discussion de l'autre jour.
Nous étions venu vous demander comment faire dans ce cas.

2. Le progressif

$$\boxed{\text{être en train} + \text{INFINITIF}}$$

On ne peut employer avec le progressif que des temps qui expriment l'accomplissement : le présent, l'imparfait et le futur simple. Cet aspect est moins fréquent que le non-accompli. Il s'emploie pour **insister sur le déroulement de l'action**.

> *Marie entend du bruit dans la pièce à côté et demande :*
> *« Qu'est-ce qui se passe ? »*
> *Paul : « Ce n'est rien, je suis en train de ranger la bibliothèque et j'ai fait tomber des livres ».*
>
> *Le chef de service entre et dit à la secrétaire : « J'espère que vous n'avez pas oublié que la lettre pour M. Dupont doit être envoyée demain ».*
> *La secrétaire : « Je suis en train de la taper, Monsieur ».*
>
> *Je voulais m'accorder une heure de repos, j'étais en train de lire tranquillement quand le bébé s'est réveillé et a pleuré.*

3. L'immédiat

Il a deux moments : futur et passé.

LE FUTUR IMMÉDIAT

Il s'emploie pour exprimer une action future mais très proche par rapport au moment présent. On utilise alors les expressions : **aller + infinitif** ou **être sur le point de + infinitif**. Le futur immédiat peut s'utiliser au présent ou à l'imparfait. Il s'utilise à l'imparfait pour exprimer une action passée dont l'accomplissement a été empêché par une autre action.

> *J'allais faire du café quand je me suis aperçu que je n'en avais plus.*
> *J'allais partir quand je me suis rendu compte que j'avais laissé mon chéquier sur la table.*

LE PASSÉ IMMÉDIAT

Il s'emploie pour exprimer une action passée mais très proche par rapport au moment présent. On utilise alors l'expression : **venir de + infinitif**. Le passé immédiat peut s'utiliser au présent.

> *Je viens de recevoir une lettre de Bernard, il est d'accord pour venir dimanche.*
> *Je viens de rencontrer un ami que je n'avais pas vu depuis des mois.*

Il peut aussi s'utiliser à l'imparfait et exprime une action qui sert en quelque sorte de point de départ à une autre action.

> *Je venais de raccrocher quand je me suis rendu compte que j'avais oublié de lui dire la chose la plus importante.*
> *Je venais d'éteindre la télévision quand il est entré.*

4. L'inchoatif

LE DÉBUT PROGRESSIF

On utilise les expressions : **commencer à** + **infinitif** ou **se mettre à** + **infinitif**, au présent, à l'imparfait, au futur, au passé composé, au plus-que-parfait ou au futur antérieur. L'imparfait indique que la progression est lente, que le commencement dure longtemps. Il peut servir de point de référence à une action au passé composé.

> *Je commençais à comprendre les implications de cette théorie.*
> *Je commençais à comprendre quand il m'a troublé avec ses explications.*

- Au futur comme au passé composé, le point de départ du commencement est indiqué.

> *J'ai commencé à comprendre hier.*
> *Je commencerai à faire ça demain.*

- Le futur antérieur et le plus-que-parfait s'utilisent respectivement avec un futur et un passé composé.

> *Quand j'aurai commencé à éplucher les légumes, tu pourras mettre l'eau à chauffer.*
> *J'avais commencé à mettre la table quand il a dit qu'on allait au restaurant.*

LA FIN PROGRESSIVE

On utilise les expressions : **finir de** + **infinitif** ou **cesser de** + **infinitif**, de la même façon que pour le début progressif, au présent, à l'imparfait, au passé composé, au futur simple, au futur antérieur, au plus-que-parfait.

> *Je finis de dîner.*
> *Je finissais de repasser le linge, quand le téléphone a sonné.*
> *J'ai fini de repeindre l'entrée le week-end dernier.*
> *Je finirai de ranger ma chambre cet après-midi.*
> *Quand j'aurai fini de faire la vaisselle, j'irai au marché.*

14. Assez et assez de

« Assez » est un adverbe de quantité.
- Il indique qu'une chose n'est pas excessive (ni trop peu, ni trop).

> *Il est **assez** intelligent.*
> *Il marche **assez** vite.*
> *Il parle **assez** bien.*

- Il signifie « suffisamment », dans des questions.

> *La viande est **assez** salée ?*
> *Est-ce **assez** chaud ?*
> *Suis-je **assez** précis ?*

- Avec la préposition pour + infinitif.

> *Il est **assez** intelligent **pour** comprendre cela.*
> *Nous marchons **assez** vite **pour** avoir le train.*
> *Il parle **assez** bien **pour** l'impressionner favorablement.*

- « Assez de » est un déterminant indéfini (voir ce paragraphe : 53^3).

> *Il y avait **assez de** monde.*

Au (voir : Article 12^2)
Au cas où (voir : Condition 37^6)

15. Aucun, aucune

« Aucun » + nom est un déterminant indéfini (voir ce paragraphe : 53^3).

> *Je **n'**ai reçu **aucune** lettre.*
> *Il **n'**y a **aucun** nuage dans le ciel.*

« Aucun », seul, est un pronom indéfini (voir ce paragraphe : 120).

> *As-tu des nouvelles de lui ? **Aucune**.*
> *Il a donné des explications, mais **aucune** n'est vraie.*

Au lieu de (voir : Opposition 101^1)
Au point que (voir : Conséquence 51^1)

16. Auquel

On m'a donné un livre auquel je tiens beaucoup.
(voir : Pronom relatif 124 et Relative 132[4])
Auquel penses-tu ?
(voir : Pronom interrogatif 121 et Question 130)

Aussi (voir : Adjectif 6[4] et 7[3])
Autant (voir : Adverbe 7[3])

17. Autre

« Autre » + **nom** est un déterminant indéfini (voir ce paragraphe : 53[3]).

*Celui-là ne me plaît pas, il n'y a pas **un autre** modèle ?*
*J'ai acheté **un autre** livre que celui que j'avais vu.*

« autre », seul, sans le nom, est un pronom indéfini (voir ce paragraphe : 120).

*Je préfère l'**autre**, celui que vous m'avez montré tout à l'heure.*

Aux (voir : Article 12[2])

18. Avant

- « Avant » est une préposition qui exprime l'antériorité dans le temps ou l'espace.

*Je partirai **avant** la fin de l'après-midi.*
*Arrêtez votre voiture **avant** la maison blanche.*

- « Avant » + proposition infinitive.

*Nous passerons te voir **avant d'aller** en vacances.*

- « Avant » + proposition circonstancielle (voir : Temps 140[2]).

*Nous sommes arrivés **avant qu'il** ne **commence** à neiger.*

19. Avoir

« Avoir » peut être :
1. Un auxiliaire qui sert à former les temps composés :

Il avait marché.
Nous aurions dû.
Ils ont été.

2. Un verbe qui signifie :

- La possession :

Il a une maison.
Nous avons une voiture.

s'emploie dans des expressions :

avoir l'heure
avoir du feu
avoir (du) beau temps
avoir de la chance
en avoir pour 5 mn (= avoir besoin de 5 mn pour faire quelque chose)
avoir des invités (= recevoir des gens)
avoir son bac (= avoir réussi au bac)
avoir son train (= avoir de justesse son train).

- Une façon d'être :

Ce mur a 1,50 m de haut.
Cette table a des pieds ronds.

s'emploie dans des expressions :

avoir 10 ans
avoir les yeux bleus (voir : Déterminant possessif 53[1])
avoir faim, soif etc. (voir : Article 12[3])
avoir quelque chose (= montrer qu'on a un souci, qu'on est malade)
avoir à (= être obligé de).

20. Beau

« Beau » est un adjectif qualificatif. Il s'emploie avant une consonne ou un H aspiré.

Un beau meuble. Un beau héros.

On utilise : « bel » avant une voyelle ou un H muet.

Un bel arbre. Un bel homme.

Même chose pour fou et fol, mou et mol, nouveau et nouvel, vieux et vieil.

21. Beaucoup et beaucoup de

- « Beaucoup » peut être un adverbe de quantité (voir ce paragraphe : 7^3).

> *Il travaille **beaucoup** trop.*

ou un pronom indéfini.

> *Est-ce qu'il y avait du monde ? Oui, **beaucoup**.*
> *Tu as acheté des livres ? Oui, j'en ai même acheté **beaucoup**.*

- « Beaucoup de » + nom est un déterminant indéfini (voir ce paragraphe : 53^3).

> *Je n'ai pas **beaucoup d'**argent.*

Bel (voir : Beau 20)
Bien (voir : Adverbe 7^3)
Bien que (voir : Opposition 101^3)

22. Bien tôt et bientôt

« Bien » est un adverbe de quantité qui qualifie l'adverbe de temps : tôt.

> *Tu rentres **bien tôt** ce soir.*
> *Vous avez fini **bien tôt** aujourd'hui.*

Cela signifie : très tôt et indique que c'est inhabituel.

« Bientôt » est un adverbe de temps qui signifie : dans peu de temps.

> *Je reviendrai **bientôt**.*
> *Nous terminerons **bientôt** ce travail.*

23. But (expression du but)

Pour l'exprimer on peut utiliser des prépositions : « pour », « afin de », « de crainte de », « de peur de » + proposition infinitive.

> *Je l'ai acheté **pour l'offrir** à François.*
> *Il suit des études **afin d'obtenir** un diplôme d'ingénieur.*
> *Nous roulons prudemment **de crainte d'avoir** un accident.*

On peut utiliser une proposition circonstancielle avec le verbe au subjonctif. Le temps du subjonctif à utiliser est donné à : concordance des temps 36.

> *Je téléphone **pour que** tu **saches** que je ne viendrai pas.*
> *Ils l'avaient mis à l'écart **afin qu'**il ne **soit** pas au courant des préparatifs.*
> *Je l'ai averti du retard du train **de peur qu'**il ne **se fasse** du souci.*

Pour l'emploi de « ne » voir : Ne 92.

24. Ça (= cela)

C'est un pronom démonstratif (voir ce paragraphe : 119). Il s'utilise pour des noms masculins **ou/et** féminins qui désignent une chose.

> *Je voudrais **ça.***
> ***ça** ne fait rien.*

Il ne peut pas être le sujet de « être » au présent sauf s'il y a avant : tout. A la place de « ça », on utilise « c ».

> ***C'**est vrai. ou Cela est vrai.*
> ***C'**est impossible. ou Cela est impossible.*

mais :

> ***Ça** aurait été impossible sans vous.*
> ***Tout ça** est ennuyeux.*

Cardinal (Adjectif cardinal) (voir : Déterminant numéral 53[4])

25. Cause (Expression de la cause)

On utilise la préposition « à cause de » + nom ou + pronom.

> *Je suis rentré **à cause de** la pluie.*
> *Nous avons manqué le train **à cause de** toi et de ta lenteur.*

L'action ou l'état qui est la cause peut aussi être exprimé par une proposition avec les conjonctions de subordination.

> *comme, parce que, puisque*

plus rare :

> *étant donné que.*

Elles sont suivies de l'indicatif.

1. Comme

« Comme » exprime la cause, souvent la cause et le temps et se met de préférence en début de phrase.

Comme je n'avais pas le temps, j'ai téléphoné pour me décommander.

Comme j'ai entendu du bruit, j'ai ouvert la porte.

2. Parce que

« Parce que » exprime la cause et se met de préférence au milieu de la phrase.

Nous ne sommes pas restés parce que nous étions fatigués.

Il n'y a pas beaucoup de fleurs dans les jardins parce que le printemps a été froid.

3. Puisque

« Puisque » ne répond pas à la question : « pourquoi ? ». La cause introduite par « puisque » est déjà connue.

On l'a hospitalisé puisqu'il était gravement malade.

On connaissait déjà sa maladie, la nouvelle information est l'hospitalisation.

On emploie « puisque » pour convaincre, quand on présente une information comme évidente.

Distinguer :

Nous recommençons parce qu'il a dit que c'était mal fait.

et :

Nous recommençons puisqu'il a dit que c'était mal fait.

Dans la première phase on accepte le jugement de l'autre, dans la seconde on le refuse, on ne comprend pas pourquoi l'autre trouve le travail mal fait, mais on est obligé d'obéir.

4. Étant donné que

« Étant donné que » a le même sens que : « puisque ».

Lorsqu'on veut nier qu'une action soit la cause d'une autre, on utilise les expressions : « non pas que », « non que », « ce n'est pas que » (voir : « Ce n'est pas que » 28).

26. Ce

« Ce » + nom est un déterminant démonstratif (voir ce paragraphe : 53²).

J'ai entendu parler de ce film.

« Ce » peut être un pronom démonstratif + pronom relatif.

Il a choisi cette solution.
Ce n'est pas ce que j'aurais choisi (ce = la solution).
Nous viendrons demain à 6 h.
Ce n'est pas ce qui avait été décidé (ce = venir à 6 h).
Il a eu peur de ne pas pouvoir bien le faire.
Ce n'est pas ce dont j'aurais eu peur (ce = ne pas pouvoir bien le faire).
As-tu pensé à notre projet ?
Ce n'est pas ce à quoi j'ai pensé (ce = notre projet).

(voir aussi : Relatives 132).

Ceci (voir : Pronom démonstratif 119)

27. Cédille

(voir tableau des signes p. 2)
La « cédille » est un signe que l'on met sous le « c » : ç = c cédille.
Il s'utilise avant : a, o, u. Il se prononce [s],
    plaçais [plasɛ], *plaçons* [plasõ], *déçu* [desy].
(voir : Conjugaison 40²).

Ce dont (voir : « Ce » 26)
Cela (voir : Pronom démonstratif 119)
Celle, celles (voir : Pronom démonstratif 119)
Celui (voir : Pronom démonstratif 119)

28. Ce n'est pas que

« Ce n'est pas que » + subjonctif exprime la négation d'une première explication de même que : « non pas que », « non que ».

> *Nous irons au théâtre ce soir, **ce n'est pas que** nous aimions cela mais nous sommes invités.*
>
> *J'ai un gros pull, **non pas qu'**il fasse froid mais j'ai de la fièvre.*
>
> *Nous irons au bord de la mer cet été, **non que** cela nous plaise tellement mais c'est pour les enfants.*

Ce n'est pas la peine que (voir : Conjonctive 39[3])

Cent (voir : Déterminant numéral 53[4])

Ce que (voir : « Ce » 26)

Ce qui (voir : « Ce » 26)

29. Certain, certaine

« Certain » peut être un adjectif qualificatif + de + infinitif si le sujet de l'infinitif est la personne qui est certaine.
Il signifie : sûr.

> *Êtes-vous **certain de** le lui avoir dit ?*
> *Je suis **certain d'**avoir pris mes clés.*

On peut avoir : certain + que + verbe conjugué si le sujet du verbe conjugué n'est pas la même personne que celle qui est certaine.

> *Nous sommes **certains qu'**il se trompe.*
> *Ils sont **certains que** tu les as vus.*

- « Certain » peut être aussi un déterminant indéfini (voir ce paragraphe : 53[3]).

> ***Certaines** personnes pensent qu'il a eu tort.*
> ***Certains** scientifiques sont contre ce nouveau médicament.*

- Il peut aussi être pronom (voir : Pronom indéfini 120).

> ***Certains** ne l'aiment pas, je ne sais pas pourquoi.*

30. Ces et c'est

« Ces » est un déterminant démonstratif. On a : « ces »
+ nom (voir ce paragraphe : 53²).
« C'est » est un présentatif, il introduit un mot dans la
phrase. On a : « c'est » + déterminant + nom. Distinguer :

> *Ces amis* et *C'est **un** ami.*
> *Ces problèmes* et *C'est **un** problème.*

On a souvent : « c'est » + nom ou pronom + pronom
relatif.

> ***C'est** l'ami **qui** est venu hier.*
> ***C'est** un livre **que** j'ai acheté hier.*
> ***C'est** un film **dont** on a beaucoup parlé.*
> ***C'est** elle **qui** avait raison.*
> ***C'est** nous **qui** sommes en retard.*

(voir aussi : Relative 132⁵).

C'est... qui (voir : « C'est » 30)

C'est... que (voir : « C'est » 30)

C'est... dont (voir : « C'est » 30)

Cet, cette (voir : Déterminant démonstratif 53²)

Ceux (voir : Pronom démonstratif 119)

Chacun, chacune (voir : Pronom indéfini 120)

Chaque (voir : Déterminant indéfini 53³)

31. Chez

« Chez » est une préposition qui désigne l'habitation de
quelqu'un. Elle est suivie d'un nom de personne, ou d'un
pronom.

> ***Chez** le dentiste.*
> ***Chez** lui.*

32. Chose

« Autre chose » ou « quelque chose » sont des expressions indéfinies et invariables qui ne s'emploient que pour des choses.

> *Essayons **autre chose**.*
> *Parlons d'**autre chose**.*
> *Je voulais te dire **quelque chose**, je ne me rappelle plus quoi au juste.*

33. Combien

« Combien » est un adverbe de quantité, il s'utilise dans des questions.

> ***Combien** de sucre veux-tu ?*

(voir : Question 130)

Et dans le style indirect.

> *Tu peux me dire **combien** tu l'as payé ?*

(voir : Style indirect 136).

Comme (voir : Comparaison 35, Cause 25, Temps 140)

34. Comment

« Comment » est un adverbe interrogatif.

> ***Comment** allez-vous, ce matin ?*

(voir : Question 130).

Il s'emploie aussi dans le style indirect.

> *Peux-tu me dire **comment** tu arrives à faire démarrer la voiture ?*

(voir : Style indirect 136).

35. Comparaison

1. On peut comparer deux qualités, la comparaison porte alors sur un adjectif.

> *Pierre est **plus** malin **que** son frère.*

(voir : Adjectif 6[4])

ou sur un adverbe,

> *Il marche beaucoup **plus** vite **que** nous.*

(voir : Adverbe 7[3]).

2. On peut comparer deux actions, la comparaison porte alors sur deux verbes, le deuxième est introduit par la conjonction de subordination : « comme ».

> Il a parlé **comme** l'aurait fait son père.
> Nous nous sommes comportés **comme** on nous avait dit de le faire.
> Tu as agi **comme** je ne l'attendais plus.

Le mode est l'indicatif, si l'action ou l'état est réel, et le conditionnel, si l'action ou l'état ne l'est pas.

Souvent, si l'on compare deux façons de faire la même chose, ou deux états, on utilisera le même verbe, aussi n'est-il employé qu'une fois.

> Il est dégoûté **comme** moi de cette décision.
> Il s'exprime **comme** lui.

Comparatif (voir : Adjectif 6⁴ et Adverbe 7³)

36. Concordance des temps

1. La subordonnée est à l'indicatif

Les deux actions ou états sont simultanés

Si une phrase au présent est mise au passé, le verbe subordonné passe du présent à l'imparfait, ou au passé composé en fonction de l'aspect (voir ce paragraphe : 13).

> Je pense qu'il **a** raison.
> → Je pensais qu'il **avait** raison.
> J'ai pensé qu'il **avait** raison.
>
> Je ne téléphone pas parce que ce n'**est** pas nécessaire.
> → Je ne téléphonais pas parce que ce n'**était** pas nécessaire.
> Je n'ai pas téléphoné parce que ce n'**était** pas nécessaire.
> Je n'ai pas téléphoné parce que cela n'**a** pas **été** nécessaire.

L'action subordonnée est avant l'action principale

Si une phrase, où le verbe principal est au présent, est mise au passé, le verbe subordonné est au plus-que-parfait.

> Je pense qu'il **s'est trompé** hier.
> → Je pensais qu'il **s'était trompé** hier.
> J'ai pensé qu'il **s'était trompé** hier.
>
> Il arrose chaque soir le jardin, même s'il **a plu** avant.
> → Il arrosait chaque soir le jardin, même s'il **avait plu** avant.
> Il a arrosé chaque soir le jardin, même s'il **avait plu** avant.

L'action subordonnée est après l'action principale

Si une phrase où le verbe principal est au présent, est mise au passé, le verbe subordonné est au futur dans le passé, c'est-à-dire le conditionnel.

*Je pense qu'il **apprendra** avec le temps.*
→ *Je pensais qu'il **apprendrait** avec le temps.*
 *J'ai pensé qu'il **apprendrait** avec le temps.*

*Il travaille tant qu'il **aura** sans doute son examen.*
→ *Il travaillait tant qu'il **aurait** sans doute son examen.*

2. La subordonnée est au subjonctif

Le verbe principal est au présent, à l'impératif ou au futur

Les deux actions sont simultanées ou l'action de la subordonnée est postérieure à celle de la principale, on emploie le subjonctif présent.

*Je doute qu'il **comprenne**.*
*Nous craignons qu'il n'**arrive** en retard.*
*Il souhaite que vous **fassiez** un beau voyage.*

L'action subordonnée est antérieure à l'action principale, on emploie le subjonctif passé.

*Je doute qu'il **soit** déjà **parti**.*
*Je crains qu'il n'**ait eu** un accident.*
*Je ne pense pas qu'il **ait réussi** hier.*

Le verbe principal est à un temps passé de l'indicatif ou au conditionnel

Les deux actions sont simultanées ou l'action subordonnée est postérieure à celle de la principale, on emploie le subjonctif imparfait.

*Je doutais qu'il **aimât** cela.*
*Nous ne pensions pas que cela **fût** possible.*
*Nous souhaitions qu'il **eût** tort.*

Mais aujourd'hui, dans le français parlé et même à l'écrit, on emploie le subjonctif présent.

L'action subordonnée est antérieure à celle de la principale, on emploie le subjonctif plus-que-parfait.

*Nous n'avions pas pensé qu'il **eût pu** se tromper à ce point.*
*J'aurais craint que vous n'**eussiez été déçu**.*
*Nous n'avions pas dit qu'ils **eussent acquis** cette propriété auparavant.*

Mais aujourd'hui, dans le français parlé et même écrit, on utilise le subjonctif passé.

Ces deux temps, subjonctif imparfait et subjonctif plus-que-parfait, sont des temps littéraires, voir ce paragraphe : 146.

Pour la concordance des temps avec le style indirect, voir Style indirect 136.

37. Condition (expression de la condition)

La condition s'exprime à l'aide de locutions prépositionnelles telles que : « à moins de », « en admettant de », « à condition de », « dans le cas de », « dans l'éventualité de », dans l'hypothèse de » :

1. Avec la locution prépositionnelle

a. LOCUTION PRÉPOSITIONNELLE + NOM

« A moins de », « dans le cas de », « dans l'éventualité de », « dans l'hypothèse de »

*Prépare un projet de rechange **dans l'éventualité de** son refus.*

*C'est possible **à moins d**'un avis contraire du directeur.*

b. LOCUTION PRÉPOSITIONNELLE + PROPOSITION INFINITIVE

« A moins de », « en admettant de », « à condition de »

*Nous pouvons avoir notre train **à condition de** partir maintenant.*

2. Avec la conjonction de subordination

On peut utiliser une proposition circonstancielle avec des conjonctions de subordination,
- conjonction de subordination + indicatif :
  si, dans la mesure où, suivant que, selon que.
- conjonction de subordination + subjonctif :
  à moins que, pourvu que, en admettant que.
- conjonction de subordination + indicatif *ou* + subjonctif :
  à (la) condition que.
- conjonction de subordination + conditionnel :
  au cas où, dans le cas où, dans l'éventualité où, dans l'hypothèse où.

a. INDICATIF

- Simultanéité :

  | **Si** + verbe 1 au présent → verbe 2 au présent. |

  ***Si** tu **regardes** par la fenêtre, tu **peux** voir la Tour Eiffel.*
- Postériorité :

  | **Si** + verbe 1 au présent → verbe 2 au futur. |

  ***Si** tu **finis** ça dans la journée, je t'**apporterai** un autre travail demain.*

> **Si** + verbe l à l'imparfait → verbe 2 au conditionnel présent.

Si je savais à quelle heure arrivera ton avion, je pourrais te chercher à l'aéroport.
Si j'avais les bons outils, je pourrais réparer la machine à laver.

> **Si** + verbe l au plus-que-parfait → verbe 2 au conditionnel passé.

Si j'avais su à quelle heure arrivait ton avion, j'aurais pu te chercher à l'aéroport.
Si j'avais eu les bons outils, j'aurais pu réparer la machine à laver.

Dans la mesure où

« Dans la mesure où » exprime une condition qui limite une action ou un état.

Il a dit, dans la mesure où c'est la vérité, qu'il ne venait pas parce qu'il était malade.
Cet été j'irai en vacances en Asie du Sud-Est, dans la mesure où j'aurai suffisamment d'argent.

Suivant que, selon que

« Suivant que » et « selon que » sont synonymes et s'emploient dans une alternative : on peut choisir entre deux choses.

Il y a deux routes possibles, selon que l'on est pressé ou non.
On peut acheter plusieurs choses, suivant que tu as beaucoup d'argent ou non.

b. SUBJONCTIF

A moins que

« A moins que » exprime une condition qui peut annuler l'action proposée.

Je peux t'emmener visiter Versailles, à moins que tu ne l'aies déjà vu.
Nous pouvons aller dans un restaurant chinois, à moins que tu n'aimes pas la cuisine chinoise.

Pourvu que

« Pourvu que » exprime une condition nécessaire : si elle n'est pas remplie, l'action ou l'état ne se produira pas.

Je te prête mon magnétophone pourvu que tu y fasses très attention.
Je monte dans ta voiture pourvu que tu ne conduises pas trop vite.

En admettant que

« En admettant que » exprime une condition peu probable.

*En admettant qu'il **ait eu** raison, cela n'excuse pas ses manières.* = je ne pense pas qu'il ait eu raison, mais faisons comme si je le pensais.

A (la) condition que

« À condition que » ou « à la condition que » exprime une condition nécessaire.

*Je t'achète un chien **à condition que** tu t'en **occupes**.*

c. CONDITIONNEL

Au cas où, dans le cas où, dans l'éventualité où, dans l'hypothèse où, expriment une condition peu probable. Les deux dernières sont plus soutenues que les deux premières.

*Je prendrai la voiture **au cas où** il n'y **aurait** pas de train demain.*

*Nous avons un projet de rechange **dans l'éventualité où** le premier ne lui **plairait** pas.*

*Que ferons-nous **dans l'hypothèse où** le budget ne **serait** pas approuvé ?*

38. Conditionnel

● Le conditionnel est un mode qui s'emploie pour l'expression de la condition 37[6], l'opposition 101[3] (voir ces deux paragraphes).

Il indique que l'on fait une hypothèse dans le présent :

Si tu m'appelais avant cinq heures, ce serait gentil.

ou dans le passé :

Si tu étais venu dimanche, tu aurais vu grand-père.

● Le conditionnel présent est en quelque sorte un futur dans le passé.

- concordance des temps (voir ce paragraphe : 36[2])

Je pense qu'il ne sera pas là demain.
→ *Je pensais qu'il ne serait pas là le lendemain.*

- style indirect (voir ce paragraphe : 136)

Il a dit : « Je partirai samedi. »
→ *Il a dit qu'il partirait samedi.*

● Pour la conjugaison, voir : 40[2].

39. Conjonctive (proposition conjonctive)

Les verbes qui expriment une opinion, un doute, un désir, une volonté, une défense et les adjectifs de sentiments peuvent avoir :

1. Comme complément : un nom ou un pronom.

- verbes d'opinion :

    *Je pense **la** même **chose** que vous.*
    *Je suis certain de **cela**.*

- verbes de doute :

    *Je doute de **la réalité** de son enthousiasme.*

- verbes de désir, de volonté, de défense, etc. :

    *J'ai envie d'**un** bon **repas**.*
    *Nous voulons **une augmentation**.*
    *Ils interdisent **son retour**.*

- pour les adjectifs de sentiments :

    *Il est fier de **sa réussite**.*
    *Il est furieux de **sa réponse**.*

2. Comme complément : une proposition infinitive

*Je pense **partir** en week-end vendredi.*
*Je suis certain d'**être** malade.*
*Il doute de **réussir** son examen.*
*Nous avons envie d'**aller** au cinéma.*
*Il est furieux de **s'être cassé** la jambe.*

3. Comme complément : une proposition conjonctive

Les verbes vus ci-dessus ne sont pas tous suivis du même mode.

● **SONT SUIVIS DE L'INDICATIF**

Les noms, les adjectifs, les verbes à la **forme affirmative** qui expriment :
- une déclaration (dire, raconter, affirmer, expliquer etc.) ;
- un jugement (penser, croire, estimer, considérer, supposer, etc.) ;

- une connaissance (savoir, être certain, apprendre etc.).

> *Il dit que c'est un événement regrettable.*
> *Nous pensons qu'il s'agit de sa plus belle œuvre.*
> *Nous supposons que ses déclarations ont été vérifiées.*

« Se douter », « il me semble » et « espérer » sont suivis de l'indicatif.

● **SONT SUIVIS DU SUBJONCTIF**

VERBES, ADJECTIFS ou EXPRESSIONS	Exemples
De **déclaration**, de **jugement**, de **connaissance** à la **forme négative** ou **interrogative** (1)	*Il ne dit pas que vous ayez tort.* *Je ne pense pas que ce soit possible.* *Croyez-vous que cela soit faisable ?* *Estimez-vous que cela ait été une erreur ?*
De **doute**, d'**improbabilité** : douter, il semble, il est peu probable, il est improbable, etc.	*Il semble qu'ils aient gagné.* *Il est peu probable qu'il vienne.* *Il est improbable qu'il se soit perdu.*
De **possibilité** : il est possible que, il est impossible que, il se peut que, etc.	*Il se peut que j'aie de la chance.* *Il n'est pas possible qu'il accepte.* *Il est impossible qu'il soit d'accord.*
De **nécessité** : Il faut que, il est nécessaire que, il est obligatoire que, il est essentiel que, il vaut mieux que, il suffit que, il est temps que, il est urgent que, il est important que, il est utile que, il est juste que, il est normal que, il est naturel que, ce n'est pas la peine que, etc.	*Il ne faut pas qu'elle le sache.* *Il est nécessaire que vous le fassiez.* *Il est essentiel que vous le gardiez.* *Ce n'est pas la peine que tu viennes.* *Il suffit qu'il signe.* *Il est normal qu'il refuse.* *Il est utile qu'il comprenne.* *Il est juste qu'il le veuille.*
De **volonté** : Vouloir, vouloir bien, aimer (bien, mieux), commander, demander, ordonner, désirer, préférer, souhaiter, exiger, dire, écrire, réclamer, permettre, attendre, s'attendre à, s'opposer à, empêcher, refuser, défendre, interdire, tenir à, etc.	*Je ne veux pas que tu recommences.* *Il désire que tu le joues.* *Nous souhaitons qu'il réussisse.* *Ils interdisent qu'on le lui dise.* *Ils tiennent à ce que cela soit clair.*
De **sentiment** : Craindre, avoir peur, regretter, être triste, content, furieux, fâché, en colère, étonné, heureux, satisfait, enchanté, désolé, etc. Il est bon, mauvais, curieux, bizarre, extraordinaire, regrettable, à craindre, triste, heureux, dommage, etc.	*Nous craignons qu'il ne soit gravement malade.* *Nous avons peur que ce soit trop difficile.* *Nous sommes ravis que vous soyez là.* *Il est bizarre que cela ne marche pas.*

(1) On peut utiliser l'indicatif pour insister sur la réalité du fait, ex. : « Je ne pense pas que tu réussiras » (= pour moi, tu ne réussiras pas). Mais : « Je ne pense pas que tu réussisses ». La réalité de l'échec est moins certaine, on emploie le subjonctif.

40. Conjugaison

Nous ne parlerons ici que des temps les plus usuels : à l'indicatif : le présent, l'imparfait, le futur simple, le passé composé, le plus-que-parfait, le futur antérieur ; au subjonctif : le présent et le passé ; au conditionnel : le présent et le passé première forme.

Les autres temps ne sont pas utilisés dans la conversation courante, mais en littérature, ils ne seront pas présentés ici mais aux paragraphes :
— Temps littéraires
— Conditionnel
— Subjonctif.

1. Temps composés

Pour les temps composés, il y a 2 auxiliaires : **avoir** et **être.** Les verbes pronominaux se conjuguent avec l'auxiliaire « être » ainsi que : aller, arriver, partir, entrer, sortir, monter, descendre, naître, mourir, passer, rentrer, rester, retourner, tomber, venir, revenir, devenir, parvenir, intervenir, survenir.

Mais si un de ces verbes a un complément d'objet direct, il se construit avec l'auxiliaire « avoir ».

> *J'ai **sorti la glace** du réfrigérateur.*
> *J'ai **monté le vieux meuble** au grenier.*

Ils sont formés de l'auxiliaire qui est conjugué et du participe passé qui est toujours donné au masculin.

Pour former :

le passé composé		au présent de l'indicatif
le plus-que-parfait	on	à l'imparfait
le futur antérieur	conjugue	au futur simple
le passé	l'auxiliaire	au présent
du subjonctif	être ou	du subjonctif
le passé	avoir	au présent
du conditionnel		du conditionnel.

— Si nous prenons comme exemple le verbe **chanter,** l'auxiliaire est **avoir** :

	passé composé		plus-que-parfait		futur antérieur	
j'	ai		avais		aurai	
tu	as		avais		auras	
il,elle,on	a	chanté	avait	chanté	aura	chanté
nous	avons		avions		aurons	
vous	avez		aviez		aurez	
ils,elles	ont		avaient		auront	

	passé du conditionnel	
j'	aurais	
tu	aurais	
il,elle,on	aurait	
nous	aurions	chanté
vous	auriez	
ils,elles	auraient	

	passé du subjonctif	
j'	aie	
tu	aies	
il,elle,on	ait	
nous	ayons	chanté
vous	ayez	
ils,elles	aient	

— Si nous prenons comme exemple le verbe **arriver**, l'auxiliaire est : **être**.

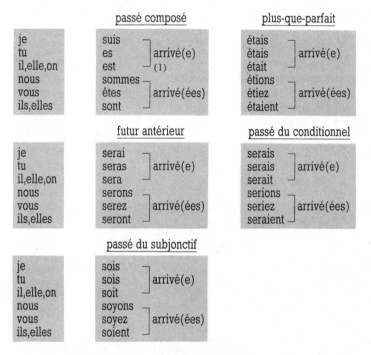

passé composé

je	suis	arrivé(e)
tu	es	
il,elle,on	est	(1)
nous	sommes	arrivé(ées)
vous	êtes	
ils,elles	sont	

plus-que-parfait

je	étais	arrivé(e)
tu	étais	
il,elle,on	était	
nous	étions	arrivé(ées)
vous	étiez	
ils,elles	étaient	

futur antérieur

je	serai	arrivé(e)
tu	seras	
il,elle,on	sera	
nous	serons	arrivé(ées)
vous	serez	
ils,elles	seront	

passé du conditionnel

je	serais	arrivé(e)
tu	serais	
il,elle,on	serait	
nous	serions	arrivé(ées)
vous	seriez	
ils,elles	seraient	

passé du subjonctif

je	sois	arrivé(e)
tu	sois	
il,elle,on	soit	
nous	soyons	arrivé(ées)
vous	soyez	
ils,elles	soient	

Nous ne donnerons pas d'autre exemple de la conjugaison des temps composés car elle est toujours identique à ces 2 modèles, au participe passé près.

Pour apprendre ces conjugaisons noter que :
Radical du présent de l'indicatif première personne du pluriel = radical de l'imparfait de l'indicatif ;
Radical du futur = radical du conditionnel présent.
Les temps qui varient le plus sont les présents de l'indicatif et du subjonctif, temps les plus utiles !

(1) Voir le paragraphe accord 4

2. Les verbes à 1 radical

Ce sont :
- Les verbes en -er du premier groupe (1) sauf les verbes qui se terminent par -eter et -eler et par -ayer, -oyer, -uyer.
- Certains verbes du troisième groupe.
Nous ne donnons que la conjugaison des verbes types.

1. PREMIÈRE CLASSE

Les verbes du premier groupe

$$\boxed{\text{RADICAL} = \text{infinitif} - \textbf{er}}$$

ainsi que pour cueillir : radical = infinitif − **ir** → cueill.
Le participe passé des verbes du premier groupe est en -é (celui de cueillir : cueilli).

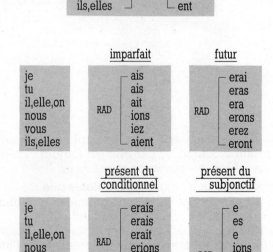

présent de l'indicatif

	RADICAL	
je		e
tu		es
il,elle,on		e
nous		ons
vous		ez
ils,elles		ent

imparfait

	RAD	
je		ais
tu		ais
il,elle,on		ait
nous		ions
vous		iez
ils,elles		aient

futur

	RAD	
je		erai
tu		eras
il,elle,on		era
nous		erons
vous		erez
ils,elles		eront

présent du conditionnel

	RAD	
je		erais
tu		erais
il,elle,on		erait
nous		erions
vous		eriez
ils,elles		eraient

présent du subjonctif

	RAD	
je		e
tu		es
il,elle,on		e
nous		ions
vous		iez
ils,elles		ent

(1) Les verbes en -cer prennent un « ç » devant les voyelles a et o, ex. : nous plaçons, je plaçais. Les verbes en -ger prennent un « e » devant les voyelles a et o, ex. : nous mangeons, je mangeais.

2. DEUXIÈME CLASSE

Elle se compose de certains verbes du troisième groupe en -ir :

Infinitif	Radical	Participe passé
ouvrir assaillir	OUVR ASSAILL	ouvert assailli

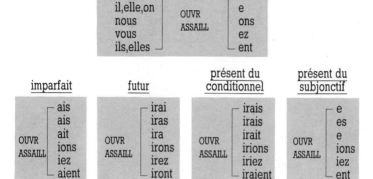

3. TROISIÈME CLASSE

Elle se compose de certains verbes du troisième groupe en -re (et de courir).

Infinitif	Radical	Participe passé
courir conclure	COUR CONCLU	couru conclu

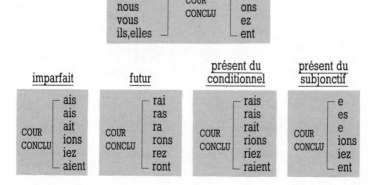

3. Les verbes à 2 radicaux

1. PREMIÈRE CLASSE

Elle est formée des verbes du deuxième groupe et de certains verbes du troisième groupe.

Infinitif	Radical A	Radical B	Participe passé
finir	FINI	FINISS	fini
confire	CONFI	CONFIS	confit
cuire	CUI	CUIS	cuit
dire	DI	DIS	dit
clore	CLO	CLOS	clos
lire	LI	LIS	lu
plaire	PLAI	PLAIS	plu
écrire	ECRI	ECRIV	écrit

présent

je	FINI	
	CONFI	s
	CUI	
	DI	
tu	CLO	s
	LI	
	PLAI	
il,elle,on	ECRI	t

futur

je		rai
tu	FINI	ras
	CONFI	
il,elle,on	CUI	ra
	DI	
nous	CLO	rons
	LI	
vous	PLAI	rez
	ECRI	
ils,elles		ront

présent du conditionnel

		rais
	FINI	rais
	CONFI	
	CUI	rait
	DI	
	CLO	rions
	LI	
	PLAI	riez
	ECRI	
		raient

présent

nous	FINISS	ons
	CONFIS	
	CUIS	
vous	DIS (1)	ez
	CLOS (2)	
	LIS	
ils,elles	PLAIS	ent
	ECRIV	

imparfait

je	FINISS	ais
tu	CONFIS	ais
	CUIS	
il,elle,on	DIS	ait
nous		ions
vous	LIS	iez
	PLAIS	
ils,elles	ECRIV	aient

présent du subjonctif

	FINISS	e
	CONFIS	es
	CUIS	
	DIS	e
	CLOS	ions
	LIS	
	PLAIS	iez
	ECRIV	ent

(1) pour « dire » la deuxième personne du pluriel est : « vous dites ».
(2) les 1re et 2e pers. du plur. du présent n'existent pas, ni l'imparfait, ni le passé simple.

2. DEUXIÈME CLASSE

Cette classe est formée des verbes du premier groupe en -eter, -eler ; en -oyer, -uyer, -ayer et quelques verbes du troisième groupe.

a) Les verbes du premier groupe

Infinitif	Radical A	Radical B	Participe passé
appeler	APPELL	APPEL	appelé
céder	CÈD	CÉD	cédé
essuyer	ESSUI	ESSUY	essuyé
jeter	JETT	JET	jeté
modeler	MODÈL	MODEL	modelé
nettoyer	NETTOI	NETTOY	nettoyé
payer (1)	PAI	PAY	payé
peser	PÈS	PES	pesé
prier	PRI	PRI	prié

présent de l'indicatif

je	APPELL	e
tu	CÈD / ESSUI / JETT / MODÈL	es
il,elle,on	NETTOI / PAI / PÈS	e
ils,elles	PRI	ent

présent du subjonctif

je	APPELL	e
tu	CÈD / ESSUI / JETT / MODÈL	es
il,elle,on	NETTOI / PAI / PÈS	e
ils,elles	PRI	ent

mais :

présent de l'indicatif

| nous | APPEL / CÉD / ESSUY / JET / MODEL / NETTOY / PAY / PES | ons |
| vous | PRI | ez |

présent du subjonctif

| nous | APPEL / CÉD / ESSUY / JET / MODEL / NETTOY / PAY / PES | ions |
| vous | PRI | iez |

(1) Les verbes en -ayer, peuvent se conjuguer avec AI ou AY à tous les temps. Seul l'imparfait ne se conjugue qu'avec AY.

	futur			présent du conditionnel	
je	APPELL	erai		APPELL	erais
tu	CÈD / ESSUI	eras		CÈD / ESSUI	erais
il,elle,on	JETT	era		JETT	erait
nous	MODÈL / NETTOI	erons		MODÈL / NETTOI	erions
vous	PAI / PÈS	erez		PAI / PÈS	eriez
ils,elles	PRI	eront		PRI	eraient

	imparfait	
je	APPEL	ais
tu	CÉD / ESSUY	ais
il,elle,on	JET	ait
nous	MODEL / NETTOY	ions
vous	PAY / PES	iez
ils,elles	PRI	aient

En règle générale, les verbes en -eler ou en -eter doublent la consonne « l » ou « t » devant un « e muet » : je jette, j'appelle.

Un petit nombre ne la doublent pas mais prennent un accent grave sur le « e » qui précède le « l » ou le « t » : « j'achète ». Il s'agit des verbes :

- en -eler : celer, déceler, receler, ciseler, démanteler, écarteler, geler, dégeler, surgeler, congeler, marteler, modeler, peler.

- en -eter : acheter, racheter, corseter, crocheter, fileter, fureter, haleter.

b) Les verbes du troisième groupe

Infinitif	Radical A	Radical B	Participe passé
rire	RI	RI	ri
prévoir	PREVOI	PREVOY	prévu
traire	TRAI	TRAY	trait
croire	CROI	CROY	cru
fuir	FUI	FUY	fui
pourvoir	POURVOI	POURVOY	pourvu

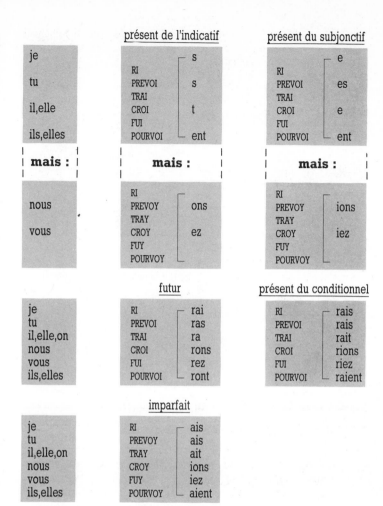

présent de l'indicatif

je	RI PREVOI TRAI CROI FUI POURVOI	s s t ent

mais :

nous vous	RI PREVOY TRAY CROY FUY POURVOY	ons ez

présent du subjonctif

RI PREVOI TRAI CROI FUI POURVOI	e es e ent

mais :

RI PREVOY TRAY CROY FUY POURVOY	ions iez

futur

je tu il,elle,on nous vous ils,elles	RI PREVOI TRAI CROI FUI POURVOI	rai ras ra rons rez ront

présent du conditionnel

RI PREVOI TRAI CROI FUI POURVOI	rais rais rait rions riez raient

imparfait

je tu il,elle,on nous vous ils,elles	RI PREVOY TRAY CROY FUY POURVOY	ais ais ait ions iez aient

3. TROISIÈME CLASSE

Cette sous classe est formée de certains verbes du troisième groupe :

a) **Verbes en -ir**

Infinitif	Radical A	Radical B	Participe passé
partir	PAR	PART	parti
dormir	DOR	DORM	dormi
vêtir	VÊT (1)	VÊT	vêtu
bouillir	BOU	BOUILL	bouilli
servir	SER	SERV	servi

(1) La désinence de la troisième personne du singulier est : Ø. Cette consonne n'est pas prononcée.

69

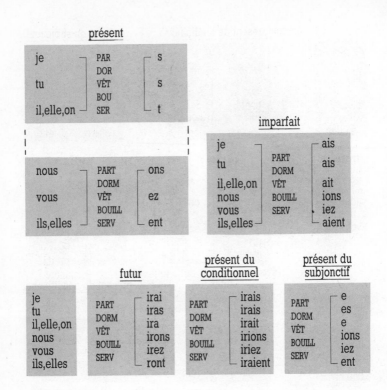

Infinitif	Radical A	Radical B	Participe passé
suivre	SUI	SUIV	suivi
vivre	VI	VIV	vécu
mettre	MET (1)	METT	mis
battre	BAT (1)	BATT	battu
rendre	REND (1)	REND	rendu
vaincre	VAINC (1)	VAINC ou VAINQU	vaincu

(1) La désinence de la troisième personne du singulier du présent de l'indicatif est : Ø, sauf pour « rompre » et ses composés qui prennent un t : *il rompt*. La consonne finale n'est pas prononcée.

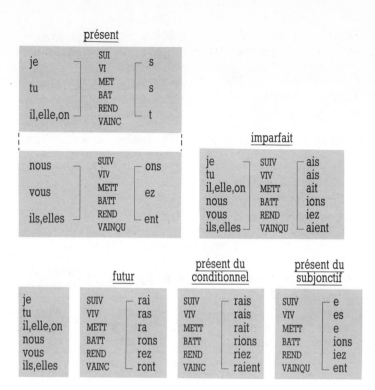

présent

je	SUI / VI / MET / BAT / REND / VAINC	s
tu		s
il,elle,on		t

nous	SUIV / VIV / METT / BATT / REND / VAINQU	ons
vous		ez
ils,elles		ent

imparfait

je	SUIV	ais
tu	VIV	ais
il,elle,on	METT	ait
nous	BATT	ions
vous	REND	iez
ils,elles	VAINQU	aient

futur

je	SUIV	rai
tu	VIV	ras
il,elle,on	METT	ra
nous	BATT	rons
vous	REND	rez
ils,elles	VAINC	ront

présent du conditionnel

SUIV	rais
VIV	rais
METT	rait
BATT	rions
REND	riez
VAINC	raient

présent du subjonctif

SUIV	e
VIV	es
METT	e
BATT	ions
REND	iez
VAINQU	ent

4. QUATRIÈME CLASSE

Elle est formée par les verbes : acquérir et mourir :

Infinitif	Radical A	Radical B	Participe passé
acquérir	ACQUIER	ACQUÉR ou ACQUER	acquis
mourir	MEUR	MOUR	mort

présent de l'indicatif

je			
tu			
il,elle,on	ACQUIER	s / s / t / ent	
ils,elles	MEUR		

| nous | ACQUÉR | ons |
| vous | MOUR | ez |

présent du subjonctif

je		
tu		
il,elle,on	ACQUIÈR	e / es / e / ent
ils,elles	MEUR	

| nous | ACQUÉR | ions |
| vous | MOUR | iez |

71

	imparfait	futur	présent du conditionnel

je tu il,elle,on nous vous ils,elles	ACQUÉR MOUR — ais ais ait ions iez aient	ACQUER MOUR — rai ras ra rons rez ront	ACQUER MOUR — rais rais rait rions riez raient

4. Les verbes à 3 radicaux

1. PREMIÈRE CLASSE

Infinitif	Radical A	Radical B	Radical C	Participe passé
devoir	DOI	DEV	DOIV	dû
recevoir	RECOI	RECEV	RECOIV	reçu
mouvoir	MEU	MOUV	MEUV	mû

présent de l'indicatif

je tu il,elle,on	DOI REÇOI MEU — s s t
nous vous	DEV RECEV MOUV — ons ez
ils,elles	DOIV REÇOIV MEUV — ent

	imparfait	futur	présent conditionnel

je tu il,elle,on nous vous ils,elles	DEV RECEV MOUV — ais ais ait ions iez aient	— rai ras ra rons rez ront	— rais rais rait rions riez raient

présent du subjonctif

nous vous	DEV RECEV MOUV — ions iez
je tu il,elle,on ils,elles	DOIV RECOIV MEUV — e es e ent

2. DEUXIÈME CLASSE

Infinitif	Radical A	Radical B	Radical C	Participe passé
croître	CROÎ	CROISS	CROÎT	crû
naître	NAI	NAISS	NAÎT	né
connaître	CONNAI	CONNAISS	CONNAÎT	connu
coudre	COUD (1)	COUS	COUD	cousu
résoudre	RESOUD(1)	RESOLV	RESOUD	résolu
moudre	MOUD (1)	MOUL	MOUD	moulu
haïr	HAI	HAÏSS	HAÏ	haï
joindre	JOIN	JOIGN	JOIND	joint
peindre	PEIN	PEIGN	PEIND	peint
craindre	CRAIN	CRAIGN	CRAIND	craint

présent de l'indicatif

je	CROÎ / NAI(2) / CONNAI / COUD	s
tu	RESOUD / MOUD / HAI / JOIN	s
il,elle,on	PEIN / CRAIN	t

nous	CROISS / NAISS / CONNAISS	ons
vous	RESOLV / MOUL / HAÏSS	ez
ils,elles	JOIGN / PEIGN / CRAIGN	ent

imparfait

je	CROISS / NAISS	ais
tu	CONNAISS	ais
il,elle	RESOLV	ait
nous	MOUL	ions
vous	HAÏSS / JOIGN	iez
ils,elles	PEIGN / CRAIGN	aient

présent du subjonctif

CROISS / NAISS	e
CONNAISS	es
RESOLV	e
MOUL	ions
HAÏSS / JOIGN	iez
PEIGN / CRAIGN	ent

(1) A la 3e personne du singulier du présent de l'indicatif, la désinence est : Ø.
La consonne n'est pas prononcée.
(2) La 3e personne du sing. de naître et de connaître prend un accent circonflexe :
il naît, il connaît.

futur / présent du conditionnel

	futur		présent du conditionnel	
je	CROÎT	rai	CROÎT	rais
tu	NAÎT	ras	NAÎT	rais
il,elle	CONNAÎT	ra	CONNAÎT	rait
nous	COUD RESOUD	rons	COUD RESOUD	rions
vous	MOUD HAÏ	rez	MOUD HAÏ	riez
ils,elles	JOIND PEIND CRAIND	ront	JOIND PEIND CRAIND	raient

3. TROISIÈME CLASSE

Infinitif	Radical A	Radical B	Radical C	Participe passé
voir	VOI	VOY	VER	vu
envoyer	ENVOI (1)	ENVOY	ENVER	envoyé
s'asseoir	ASSOI ou ASSIED(2)	ASSOY ou ASSEY	ASSIER	assis

présent de l'indicatif / présent du subjonctif

	présent de l'indicatif		présent du subjonctif	
je	VOI	s	VOI ENVOI ASSOI OU ASSEY	e
tu		s		es
il,elle,on		t		e
ils,elles	ASSOI	ent		ent

				imparfait		
nous	VOY ENVOY ASSOY	ons	VOY ENVOY ASSOY OU ASSEY	ions	je	VOY ENVOY ASSOY OU ASSEY	ais
vous		ez		iez	tu		ais
					il,elle		ait
					nous		ions
					vous		iez
					ils,elles		aient

futur / présent du conditionnel

	futur		présent du conditionnel	
je	VER	rai	VER	rais
tu	ENVER	ras	ENVER	rais
il,elle	ASSIÉR	ra	ASSIÉR	rait
nous	OU	rons	OU	rions
vous	ASSOI	rez	ASSOI	riez
ils,elles		ront		raient

(1) Cas particulier de « envoyer » au présent de l'indicatif : j'envoie, tu envoies, il envoie, ils envoient.
(2) Pour le présent de l'indicatif, avec le radical « assied », on a : j'assieds, tu assieds, il assied, nous asseyons, vous asseyez, ils asseyent.

5. Les verbes à 4 radicaux

1. PREMIÈRE CLASSE

Infinitif	Radical A	Radical B	Radical C	Radical D	Participe passé
venir prendre	VIEN PREND (1)	VEN PREN	VIENN PRENN	VIEND PREND	venu pris

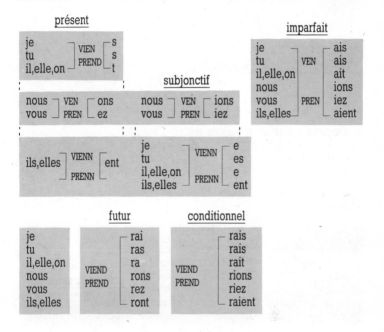

<u>présent</u>

je tu il,elle,on — VIEN PREND — s s t

<u>imparfait</u>

je tu il,elle,on nous vous ils,elles — VEN PREN — ais ais ait ions iez aient

<u>subjonctif</u>

nous vous — VEN PREN — ons ez

nous vous — VEN PREN — ions iez

ils,elles — VIENN PRENN — ent

je tu il,elle,on ils,elles — VIENN PRENN — e es e ent

<u>futur</u>

je tu il,elle,on nous vous ils,elles — VIEND PREND — rai ras ra rons rez ront

<u>conditionnel</u>

VIEND PREND — rais rais rait rions riez raient

2. DEUXIÈME CLASSE

Il s'agit du verbe « savoir »

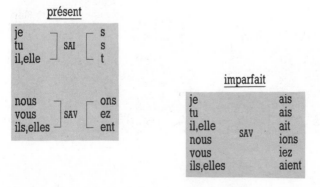

<u>présent</u>

je tu il,elle — SAI — s s t

nous vous ils,elles — SAV — ons ez ent

<u>imparfait</u>

je tu il,elle nous vous ils,elles — SAV — ais ais ait ions iez aient

(1) La désinence à la 3e personne du singulier du présent est : Ø. La consonne n'est pas prononcée.

75

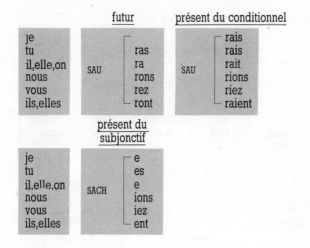

	futur		présent du conditionnel	
je	SAU	ras	SAU	rais
tu		ra		rais
il,elle,on		rons		rait
nous		rez		rions
vous		ront		riez
ils,elles				raient

	présent du subjonctif	
je	SACH	e
tu		es
il,elle,on		e
nous		ions
vous		iez
ils,elles		ent

3. TROISIÈME CLASSE

Il s'agit du verbe « valoir »

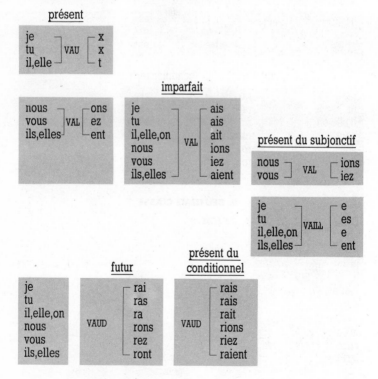

	présent	
je	VAU	x
tu		x
il,elle		t

nous	VAL	ons
vous		ez
ils,elles		ent

	imparfait	
je	VAL	ais
tu		ais
il,elle,on		ait
nous		ions
vous		iez
ils,elles		aient

	présent du subjonctif	
nous	VAL	ions
vous		iez

je	VAILL	e
tu		es
il,elle,on		e
ils,elles		ent

	futur		présent du conditionnel	
je	VAUD	rai	VAUD	rais
tu		ras		rais
il,elle,on		ra		rait
nous		rons		rions
vous		rez		riez
ils,elles		ront		raient

Il s'agit du verbe « boire »

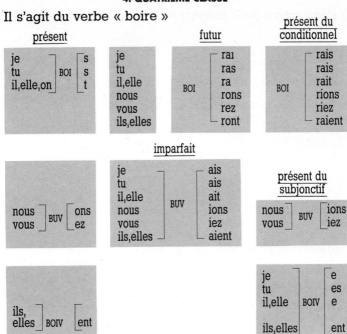

6. Les verbes à 5 radicaux

1. PREMIÈRE CLASSE

Il s'agit du verbe « avoir »

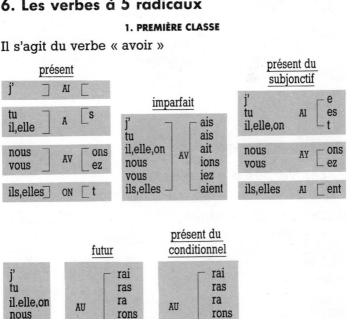

2. DEUXIÈME CLASSE

Il s'agit du verbe « pouvoir »

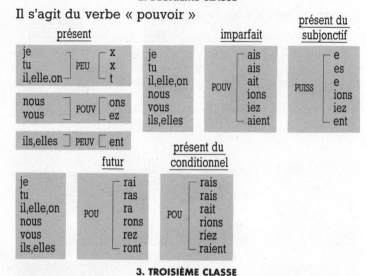

présent

je			x
tu	PEU		x
il,elle,on			t

| nous | POUV | ons |
| vous | | ez |

| ils,elles | PEUV | ent |

imparfait

je		ais
tu		ais
il,elle,on	POUV	ait
nous		ions
vous		iez
ils,elles		aient

présent du subjonctif

je		e
tu		es
il,elle,on	PUISS	e
nous		ions
vous		iez
ils,elles		ent

futur

je		rai
tu		ras
il,elle,on	POU	ra
nous		rons
vous		rez
ils,elles		ront

présent du conditionnel

je		rais
tu		rais
il,elle,on	POU	rait
nous		rions
vous		riez
ils,elles		raient

3. TROISIÈME CLASSE

Il s'agit du verbe « vouloir »

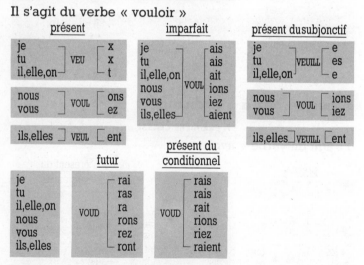

présent

je		x
tu	VEU	x
il,elle,on		t

| nous | VOUL | ons |
| vous | | ez |

| ils,elles | VEUL | ent |

imparfait

je		ais
tu		ais
il,elle,on	VOUL	ait
nous		ions
vous		iez
ils,elles		aient

présent du subjonctif

je		e
tu	VEUILL	es
il,elle,on		e

| nous | VOUL | ions |
| vous | | iez |

| ils,elles | VEUILL | ent |

futur

je		rai
tu		ras
il,elle,on	VOUD	ra
nous		rons
vous		rez
ils,elles		ront

présent du conditionnel

je		rais
tu		rais
il,elle,on	VOUD	rait
nous		rions
vous		riez
ils,elles		raient

7. Les verbes à 6 radicaux

1. PREMIÈRE CLASSE

Il s'agit du verbe « faire »

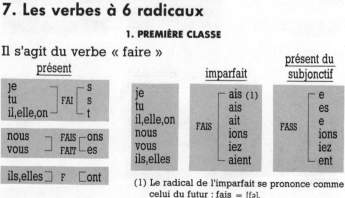

présent

je		s
tu	FAI	s
il,elle,on		t

| nous | FAIS | ons |
| vous | FAIT | es |

| ils,elles | F | ont |

imparfait

je		ais (1)
tu		ais
il,elle,on	FAIS	ait
nous		ions
vous		iez
ils,elles		aient

présent du subjonctif

je		e
tu		es
il,elle,on	FASS	e
nous		ions
vous		iez
ils,elles		ent

(1) Le radical de l'imparfait se prononce comme celui du futur : fais = [fə].

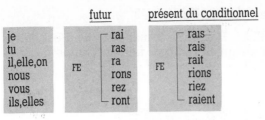

	futur		présent du conditionnel	
je		rai		rais
tu		ras		rais
il,elle,on	FE	ra	FE	rait
nous		rons		rions
vous		rez		riez
ils,elles		ront		raient

2. DEUXIÈME CLASSE

Il s'agit du verbe « aller »

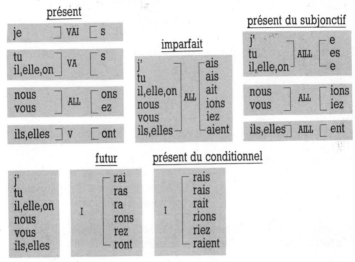

présent

je	] VAI [	s
tu	┐	s
il,elle,on	VA	
nous	] ALL [	ons
vous		ez
ils,elles	] v [	ont

imparfait

j'		ais
tu		ais
il,elle,on	ALL	ait
nous		ions
vous		iez
ils,elles		aient

présent du subjonctif

j'		e
tu	AILL	es
il,elle,on		e
nous	ALL	ions
vous		iez
ils,elles	AILL	ent

	futur		présent du conditionnel	
j'		rai		rais
tu		ras		rais
il,elle,on	I	ra	I	rait
nous		rons		rions
vous		rez		riez
ils,elles		ront		raient

8. Les verbes à 7 radicaux

Il s'agit du verbe « être ».

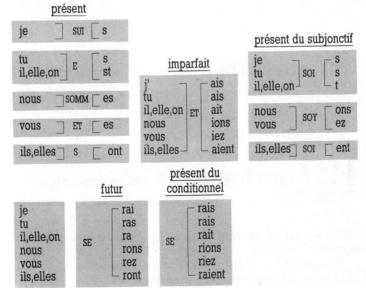

présent

je	] SUI [	s
tu	┐	s
il,elle,on	E	st
nous	]SOMM [	es
vous	] ET [	es
ils,elles	] s [	ont

imparfait

j'		ais
tu		ais
il,elle,on	ET	ait
nous		ions
vous		iez
ils,elles		aient

présent du subjonctif

je		s
tu	SOI	s
il,elle,on		t
nous	SOY	ons
vous		ez
ils,elles	SOI	ent

	futur		présent du conditionnel	
je		rai		rais
tu		ras		rais
il,elle,on	SE	ra	SE	rait
nous		rons		rions
vous		rez		riez
ils,elles		ront		raient

9. Les verbes défectifs

Le verbe « faillir ». Il signifie « manquer » ; il est suivi d'un infinitif. Il n'a qu'un radical : faill ; participe passé : failli.

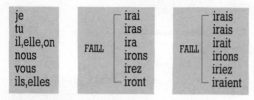

je		FAILL	┌ irai		FAILL	┌ irais
tu			iras			irais
il,elle,on			ira			irait
nous			irons			irions
vous			irez			iriez
ils,elles			└ iront			└ iraient

Les temps composés se construisent avec l'auxiliaire « avoir ».

10. Les verbes unipersonnels

Il s'agit de « pleuvoir » et de « falloir ».

présent	imparfait	futur	présent du conditionnel	présent du subjonctif	participe passé
il pleut il faut	il pleuvait il fallait	il pleuvra il faudra	il pleuvrait il faudrait	qu'il pleuve qu'il faille	plu fallu

Les temps composés se construisent avec l'auxiliaire « avoir ».

Connaissance (voir : Conjonctive 39³)

41. Conséquence (expression de la conséquence)

- Conjonction de subordination + indicatif :
au point que, si bien que, de telle manière que, de telle sorte que, si ... que, tant ... que, tellement ... que.
- Conjonctions de subordination + subjonctif :
sans que, de sorte que, de manière que.

1. Indicatif

On utilise l'indicatif quand la conséquence est un fait réel.

Si ... que
si + adjectif ou si + adverbe.

> *Il est **si** lent **qu'**il arrive toujours le dernier.*
> *Il a travaillé **si** bien **que** tout le monde l'a félicité.*

Si + adverbe indiquant une grande quantité = tellement.

> *Il travaille beaucoup.*
> → *Il travaille **tellement qu'**il a de très bons résultats.*

mais :

> *Il marche très vite.*
> → *Il marche **si** vite **qu'**il dépasse tout le monde.*

mais :

> *Il mange peu.*
> → *Il mange **si** peu **qu'**il est mince comme un fil.*

Tant ... que
tant + verbe exprime une grande quantité.

> *Il parle **tant que** son téléphone est toujours occupé.*
> *Il lit **tant que** ses livres occupent toutes les pièces.*

Tellement ... que
tellement + adjectif ou + adverbe, ou + verbe.

> *Il est **tellement** lent **qu'**il arrive toujours le dernier.*
> *Il a travaillé **tellement** bien **que** tout le monde l'a félicité.*
> *Il marche **tellement** vite **qu'**il dépasse tout le monde.*

Au point que, de (telle) sorte que, de (telle) manière que, si bien que
Ces conjonctions sont synonymes, elles peuvent être suivies d'un adjectif, d'un adverbe ou d'un verbe.

> *Il a grandi très vite **au point que** je ne l'ai pas reconnu d'abord.*
> *Elle est blanche **de telle sorte qu'**on la croirait malade.*
> *Il a couru **de telle manière que** je n'ai pas pu le suivre.*

2. Subjonctif

On emploie le subjonctif quand la conséquence est présentée comme un état à atteindre.

De sorte que, de manière que
Ces conjonctions sont synonymes.

> *Téléphonez-moi **de façon que** je sache où vous êtes.*
> *Laisse-moi la voiture **de sorte que** je puisse m'en servir cet après-midi.*
> *Soigne-toi **de manière que** tu puisses venir avec nous en vacances.*

Sans que

« Sans que » exprime une action qui ne s'est pas produite.

> *Il est entré **sans que** je l'entende = il est entré et je ne l'ai
> pas entendu.*
> *Il l'a fait **sans que** nous le sachions = il l'a fait et nous
> ne l'avons pas su.*

Couleur (Adjectif de couleur) (voir : Adjectif 6²)

42. Coupure en syllabe

Lorsqu'on écrit et qu'on n'a pas la place à la fin d'une
ligne pour écrire un mot en entier, on coupe le mot à la
fin d'une syllabe, mais :
— on ne sépare pas deux voyelles :

> *aé-* et non *a-*
> *rien* *érien*

— Lorsqu'on a la suite : consonne voyelle consonne
voyelle etc., on coupe après la voyelle :

> *re- mé-* ou *ména- te-*
> *pas nage ge nions.*

— Lorsqu'on a la suite : voyelle consonne consonne
voyelle, on coupe entre les deux consonnes :

> *es- ap- es- im- his-*
> *suyer prendre poir meuble toire*

- Si les deux consonnes écrites représentent un son, on
ne peut pas couper :

> *a- géogra- arith- bourgui-*
> *cheter phie métique gnon*

- Si les deux consonnes sont : consonne + r ou consonne
+ l, on ne peut pas couper,

> *â- exem-* mais : *souf-*
> *cre ple fle*
> *é-* mais : *ap-*
> *crit pris*

— Lorsqu'on a « x » ou « y » on ne peut couper ni avant
ni après,

> *exa- maxi- ap- en-*
> *men mum puyer nuyer*

43. Couru

« Courir » est un verbe intransitif, il n'a donc pas de complément d'objet direct, on ne fait pas l'accord (voir aussi ce paragraphe : 4^4). Même chose pour : « coûté », « pesé », « valu » et « vécu ».

Les 100 mètres que j'ai couru m'ont épuisé.

Coûté (Accord du participe passé voir : Couru 43)
De crainte de (voir : But 23)
De crainte que (voir : But 23)

44. Cru et crû

Ne pas confondre : « cru » : participe passé du verbe « croire » et « crû » : participe passé du verbe « croître ». L'accent circonflexe ne se trouve qu'au masculin, pas au féminin.

45. Dans

« Dans » indique une **durée** imprécise à un moment imprécis.

*Je le ferai **dans** la journée.* On ne sait pas quand exactement ni combien de temps cela prendra.
*Nous irons sans doute en Angleterre **dans** la semaine.* Quel jour ? on restera combien de temps ? on ne le sait pas.

« Dans » indique le **lieu** pour les noms de montagnes ou de mers.

*Je passerai mes vacances **dans** les Alpes.*
*Nous faisons du ski **dans** le Jura.*
*Il pêche **dans** la mer Méditerranée.*

Dans le cas de (voir : Condition 37^1)
Dans l'éventualité de (voir : Condition 37^1)

Dans l'hypothèse de (voir : Condition 37¹)

Dans la mesure où (voir : Condition 37³)

Date (voir : Déterminant ordinal 53⁵)

46. Davantage

« Davantage » est un adverbe, un comparatif synonyme de « plus » mais ne s'emploie qu'avec des verbes.

> *Nous aurons **davantage** de vacances que lui.*
> *J'en ai apporté **davantage**.*

Il est plus soutenu que : « plus ».

47. De

« De » est une préposition qui a de multiples emplois, nous ne donnerons que les plus fréquents.

« De » indique :

La possession :
> *Le journal **de** mon père.*
> *Les enfants **de** nos voisins.*

L'origine :
> *J'arrive **de** Paris.*
> *L'avion **de** Tokyo.*

L'agent :
> *Le ciel est couvert **de** nuages.*
> *La pièce est remplie **de** fumée.*

La matière :
> *Un foulard **de** soie.*
> *Un pot **de** terre.*

La cause :
> *Je tombe **de** sommeil.*
> *Je meurs **de** soif.*

Le prix :
> *Une voiture **de** 50 000 F.*
> *Un sac **de** 500 F.*

La manière :
> *Il s'exprime **d'**une drôle de façon.*
> *Il marche **d'**un pas fatigué.*

Le contenu :
> *Une bouteille **de** vin.*
> *Une boîte **de** bonbons.*

« De » s'emploie :

Dans une apposition
> *La ville **de** Paris.*
> *Le port **du** Havre.*

A LA PLACE DE L'ARTICLE PARTITIF OU INDÉFINI

— Devant un adjectif qualificatif :
> *J'ai acheté **de** magnifiques tableaux.*

(voir le paragraphe : Article 12^3).

— Après une négation :
> *Je ne veux pas **de** pain.*
> *Il n'y a plus **de** lait.*

(voir le paragraphe : Article 12^3).

— Après un mot exprimant la quantité :
> *Il a beaucoup **de** travail.*
> *Tu m'as donné trop **d'**argent.*

DANS UN MOT COMPOSÉ
> *Une poignée **de** porte, une femme **de** ménage.*

(voir les paragraphes : Article 12^4, et Mot composé 91).

Après un adjectif
> *Il est facile **de** se perdre dans ces rues.*
> *C'est difficile **de** le comprendre.*
> *Cela devient impossible **de** le voir.*
> *Ça paraît bon **de** se reposer après tant de travail.*

L'infinitif est le sujet réel du verbe conjugué. (voir aussi le paragraphe : « a » et « à » 1).

Après des pronoms

On a la suite pronom + de + adjectif.
Il s'agit des pronoms :
ceci, cela, qui, que, quoi, personne, pas un, rien, quelqu'un, quelques-uns, quelque chose, autre chose, grand-chose, etc.

> *Quoi **de** neuf ?*
> *Je voudrais quelque chose **de** plus gai.*

Début progressif (voir : Aspect 13^4)

48. De ce que

Lorsqu'un verbe se construit avec la préposition « de », la proposition conjonctive qui suit est introduite par la conjonction de subordination : « de ce que ».

*Il se plaint **de ce que** vous faites trop de bruit.*
*Je m'étonne **de ce qu'** il ne soit pas encore de retour.*

(voir aussi : Conjonctive 39).

Déclaration (Verbes de déclaration) (voir : Conjonctive 39[3])

De crainte que (voir : But 23)

De laquelle (voir : Pronom relatif 124 et Pronom interrogatif 121)

De manière (à ce) que (voir : Conséquence 41[2])

Demi (voir : Mot composé 91)

49. Démonstratif

Pour les adjectifs démonstratifs.

Ce livre.

(voir : Déterminant démonstratif 53[2]).

Pour les pronoms démonstratifs.

*C'est **celui**-là !*

(voir : Pronom démonstratif 119).

De peur que (voir : But 23)

50. Depuis

« Depuis » indique l'origine de la durée. L'origine peut être une date.

> *Je travaille **depuis** le 10 octobre 1928.*

ou une durée.

> *Je travaille **depuis** cinq ans.*

Le temps est vu dans son déroulement.

« Depuis » est synonyme de : « il y a ... que » :

> ***Il y a** cinq ans **que** je travaille.*

51. Des et dès

« Des » est un article (voir : Article 12^2, 12^3 et 12^4).

« Dès » est une préposition qui indique un point de départ dans le passé. Le temps n'est pas considéré comme un processus.

> *Je suis levé **dès** 7 h du matin.*
> ***Dès** mon arrivée dans cette ville, j'ai cherché un hôtel.*

Desquels, desquelles (voir : Pronom interrogatif 121 et relatif 124)

52. Désobéi

Les verbes intransitifs : « obéir », « désobéir », « pardonner », peuvent se mettre au passif.

> *Leurs erreurs ne leur **ont** pas **été pardonnées**.*
> *Ils n'**ont** pas **été obéis**.*

De sorte que (voir : Conséquence 41^2)

De telle manière que (voir : Conséquence 41^1)

De telle sorte que (voir : Conséquence 41^1)

53. Déterminant

Les déterminants sont :
- **l'article** : le soleil, une fleur, du pain, etc. (voir ce paragraphe : 12).
- **le déterminant possessif** : mon ami, leur mère, ta voiture, etc.
- **le déterminant démonstratif** : cette fille, ce tableau, cet homme, etc.
- **le déterminant indéfini** : aucun étudiant, tous les jours, etc.
- **le déterminant numéral** : trois enfants, deux heures, cinq jours
- **le déterminant ordinal** : le premier, la quatrième, etc.
- **le déterminant interrogatif** : quelle heure ? quel journal ? etc.
- **le déterminant exclamatif** : quelle chance ! quels idiots ! etc.

Règle 1 : Il y a toujours un déterminant avant un nom commun, mais pas avant un nom propre (sauf les noms de géographie).

Règle 2 : Le déterminant s'accorde en genre et en nombre avec le nom.

    maison : féminin, singulier → *la maison*
    arbre : masculin, pluriel → *les arbres*

1. Le déterminant possessif

Personne	Chose		
	Masc.	Fémin.	Pluriel
1re personne du singulier	mon	ma	mes
2e personne du singulier	ton	ta	tes
3e personne du singulier	son	sa	ses
1re personne du pluriel	notre	notre	nos
2e personne du pluriel	votre	votre	vos
3e personne du pluriel	leur	leur	leurs

Si le nom est féminin et commence par une voyelle ou un H muet, on a : ***mon*** *armoire,* ***ton*** *idée,* ***son*** *histoire,* ***mon*** *horloge,* et on fait la liaison.

*Roger a un frère : Pierre. Pierre est **son** frère.*
*Marie a un frère : François. François est **son** frère.*

« Frère » est masculin → mon, ton, son frère.

*Henri a une sœur : Hélène. Hélène est **sa** sœur.*
*Sophie a une sœur : Sylvie. Sylvie est **sa** sœur.*

« Sœur » est féminin → ma, ta, sa sœur.

ADJECTIF POSSESSIF ≠ ARTICLE

Quand on parle de son corps, on n'emploie pas l'adjectif possessif mais l'article :
a) *J'ai mal à **la** tête.* (cas du verbe « avoir »).
b) *Il **se** lave **les** mains.* (cas des verbes pronominaux).
c) *Tu **lui** as fait mal à **la** jambe.* (cas du pronom).

a) Cas du verbe avoir

on dit :
*Il a **les** cheveux noirs.*
*Il a **les** yeux bleus.*
mais :
***Ses** cheveux sont noirs.*
***Ses** yeux sont bleus.*

avec un adjectif avant le nom on dit :
*Il a **de** beaux cheveux noirs.*
*Il a **de** beaux yeux bleus.*

avec deux adjectifs après le nom, on ne peut pas employer l'article défini :
*Il a **des** cheveux noirs coupés court.* ou bien *Il a **ses** cheveux noirs coupés court.*
*Elle a **des** ongles vernis coupés court.* ou bien *Elle a **ses** ongles vernis coupés court.*

avec un adjectif « et » un 2ᵉ adjectif, on dit :
*Il a **les** cheveux noirs **et** coupés court.*
*Elle a **les** ongles courts et vernis.*

b) Cas des verbes pronominaux

On ne dit pas :
Je lave mes cheveux
mais :
*Je **me** lave les cheveux.*
On ne dit pas :
Tu peignes tes cheveux,
mais :
*Tu **te** peignes les cheveux.*
Mais on dira :
Je lave les cheveux du bébé.
Je peigne les cheveux de ma fille.

On dit :

*Elle **se** lave **les** mains.*

mais avec un adjectif on dit :

*Elle lave **ses petites** mains.*
*Elle lave **ses** mains **écorchées.***
*Elle lave **ses** mains **écorchées et pleines** de taches.*

c) Cas du pronom

On ne dit pas

Il a fait mal à ma jambe.

On dit :

*Il **m'**a fait mal à **la** jambe.*

On peut dire :

Il t'a frappé à l'épaule.
*Il **lui** a heurté **la** jambe.*

Avec un adjectif (excepté l'adjectif « droit » et « gauche ») on dira :

*Il **t'**a frappé à **ton** épaule **blessée.***
*Il **lui** a heurté **sa** jambe **paralysée**.*

CAS DE LA DESCRIPTION

Lorsqu'on décrit quelqu'un, on pourra employer l'article indéfini à la place de l'article défini.

*Il a **les** yeux bleus.*

mais :

*Il est assez grand, longiligne, il est blond, il a **des** yeux bleus, il a un nez assez fort, il est pâle.*

POSSESSEUR INDÉTERMINÉ

Lorsque le possesseur est indéterminé, on emploie un déterminant possessif de la troisième personne.

*Il faut faire **ses** exercices chaque jour.*
*S'occuper de **sa** forme est devenu à la mode.*

2. Le déterminant démonstratif

	Masculin	Féminin
Singulier	ce (1) cet (2)	cette
Pluriel	ces	

(1) Ce + consonne ou « h aspiré » : *« ce livre », « ce hasard ».*
(2) Cet + voyelle ou « h muet » : *« cet animal », « cet homme ».*

- Il permet de désigner l'objet dont on parle. Il peut être renforcé par les adverbes : « ci » et « là » (« là » est plus utilisé que « ci », la différence entre « ci » : pour un objet proche et « là » pour un objet lointain ne se fait plus beaucoup).

> *Je veux **ce** pull-**là**.*
> *Je prends **ces** pommes-**ci**.*

- Il s'emploie pour indiquer le temps et permet de faire la différence entre, par ex. :

> *Ce soir.* (= le soir du jour où je parle)

et :

> *Ce soir-là* (= un soir dans le passé).

- Il peut être repris par une proposition relative.

> *Je ne supporte pas **ces** gens **qui** parlent sans savoir.*
> *Je ne suis pas d'accord avec **ces** idées **que** tu défendais hier.*

3. Le déterminant indéfini

● Il indique une quantité imprécise

— **Nul, aucun, pas un** (= zéro)

> ***Nul** homme n'a le droit de se comporter ainsi.*
> ***Aucun** sportif n'a pu recommencer son exploit.*
> ***Pas un** concurrent ne le vaut.*

N.B. : la négation est marquée seulement par « ne ».

— **Tout, chaque** (= 1)

> ***Tout** passager doit avoir un billet.*
> ***Tout** étranger doit avoir un passeport.*
> *Il est venu travailler **chaque** jour à 8 heures.*
> ***Chaque** invité avait apporté un cadeau.*

Quand on emploie « chaque » à la place de « tous ».

> ***Tous** les invités avaient apporté un cadeau.*

on insiste plus sur le fait qu'il n'y a pas eu d'exception.

— **Plusieurs, quelques, différents, divers** (= un certain nombre imprécis)

> *Il est resté **plusieurs** jours chez nous.*
> *Il a **quelques** amis.*
> *Nous avons acheté **différents** livres sur ce sujet.*
> *Il a reçu **divers** coups de fils.*

— **Tout le, toute la** (globalité, la chose est présentée comme complète, entière)

> *Ils ont mangé **tout le** gâteau.* (le gâteau entier)
> *Il restera **toute** l'année en Angleterre.* (l'année complète)

— **Tous les, toutes les** (addition des éléments d'un ensemble)

> *Il part **toutes les** semaines en week-end.* (= les 52 semaines)
> *Je ne connais pas **tous les** invités.*

— **Assez de, beaucoup de, peu de, un peu de, tant de, trop de** (appréciation subjective d'une quantité)

> *Il y a **trop de** sel.*
> *Il n'y a pas **beaucoup de** monde dans ce théâtre.*
> *Il y a **peu d'**étudiants reçus à l'examen.*
> *Je ne croyais pas que son livre aurait **tant de** succès !*

« Un peu de » est suivi seulement de noms non comptables et exprime une petite quantité :

> *Rajoute **un peu de** sel.*
> *Il y a **un peu de** vent.*

« Peu de » est suivi de noms comptables ou non comptables ; il exprime une petite quantité que l'on juge insuffisante.

> *Tu as mis **peu de** sel.* = tu n'en as pas mis assez.
> *Il y a **peu de** neige.* = j'aurais aimé qu'il y en ait plus.

● Il indique une identité imprécise

— **Tel, (un) certain**

On ne connaît pas ou on ne se souvient pas de l'identité de la personne ou de la chose dont on parle.

> ***Un certain** M. Martin ou Martens voulait te parler.*
> ***Certaines** personnes ne sont pas contentes de cette décision.*
> *Il voulait donner sa démission mais **tel** de ses chefs n'était pas d'accord.*

— **N'importe quel, quel ... que** (indiquent que l'identité de l'objet n'a pas d'importance)

> *Tu peux mettre **n'importe quel** costume, ce n'est pas important.*
> ***Quelle que** soit la situation, il garde toujours son calme.*

— **Le même, la même, les mêmes** (indiquent l'identité de deux personnes ou de deux objets)

> *J'ai vu **le même** film que toi.*
> *Il a entendu **les mêmes** informations que vous.*

— **Autre** (indique qu'on veut distinguer deux objets ou en ajouter un)

> *Pouvez-vous venir **une autre** fois ?*
> *Est-ce que vous avez d'**autres** couleurs ?*

4. Le déterminant numéral (ou cardinal)

Il pose quelques difficultés de prononciation.

Certains se prononcent toujours de la même façon :

> *J'en veux cinq.*
> *Il y a cinq enfants.*
> *Il y a cinq vêtements.*

Il s'agit des nombres : 5, 7, 9, 11, 12, 13, 14, 15, 16, 17, 19.

La prononciation de certains change avec ce qui suit :

> *J'en prends un.* [ʒɑ̃prɑ̃œ̃]
> *Il y a un livre.* [iljaœ̃livr]
> *Il y a un enfant.* [iljaœ̃n̠ɑ̃fɑ̃]
> *deux livres* [dØlivr], *deux enfants* [dØz̠ɑ̃fɑ̃]
> *trois livres* [trwalivr], *trois enfants* [trwaz̠ɑ̃fɑ̃]
> *vingt livres* [vɛ̃livr], *vingt enfants* [vɛ̃t̠ɑ̃fɑ̃]
> *J'en ai six* [ʒɑ̃nɛsi̠s], *j'ai six livres* [ʒɛsilivr̠], *j'ai six amis* [ʒɛsiz̠ami]
> *J'en ai dix* [ʒɑ̃nɛdis̠]ˋ *j'ai dix livres* [ʒɛdilivr], *j'ai dix amis* [ʒɛdiz̠ami]
> *Il a huit livres* [ilaɥilivr], *il en a huit* [ilɑ̃naɥi̠t], *il a huit amis* [ilaɥi̠tami]

Le « t » se prononce dans les chiffres 22, 23, etc... mais non avec 82, 83 etc.
Le « t » final de « cent » ne se prononce pas.

> *Cent onze* [sɑ̃õz], *cent un* [sɑ̃œ̃]

CAS DE VINGT ET DE CENT

Lorsque vingt et cent sont multipliés, ils prennent le « s » du pluriel.

> *J'ai envoyé deux cents lettres.*
> *Cela coûte quatre-vingts francs.*

Mais si après la multiplication on fait une addition, ils ne prennent pas de « s ».

> *Il a dépensé deux cent trente francs.*
> *C'est un chèque de quatre-vingt cinq francs.*

NOMBRE FORMÉ PAR ADDITION ET PAR MULTIPLICATION

Lorsque le nombre est formé par addition, on met un trait d'union entre les éléments s'ils sont inférieurs à cent. On n'en met pas s'ils sont reliés par « et ».

> *vingt-cinq* mais *vingt et un.*
> *trente-huit* mais *trente et un.*

Mais on dit :

> *soixante et onze, quatre vingt-un.*

Lorsque le nombre est formé par multiplication, on met un trait d'union.

> *quatre-vingt.*

5. Le déterminant ordinal

Il se forme en ajoutant « -ième » au nombre correspondant.

> *deux* → *deuxième*
> *trois* → *troisième*

mais :

> *un* → *premier*
> *vingt et un* → *vingt et unième*
> *trente et un* → *trente et unième...*

DATES, GÉNÉALOGIES

Lorsqu'il s'agit de la date, on emploie le cardinal et non l'ordinal.

> *Le 21 novembre 1947 : le vingt et un novembre mil neuf cent quarante-sept* ou *dix neuf cent quarante-sept.*
> *Le 5 juillet 1859 : le cinq juillet mil huit cent cinquante neuf,* ou *dix huit cent cinquante neuf.*

Pour les généalogies de rois, on dira : Louis XII et non Louis le douzième. Le cardinal s'écrit ici en chiffres romains.

6. Le déterminant interrogatif

GÉNÉRALITÉS

	Masculin	Féminin
Singulier	quel	quelle
Pluriel	quels	quelles

Devant un nom commençant par une voyelle ou un h muet on prononce le « s » au pluriel

> ***Quels*** *enfants ?*
> ***Quelles*** *habitudes ?*

EMPLOI

Il sert à poser une question sur l'identité de la chose dont on parle.

> ***Quels*** *vêtements vais-je mettre ce soir ?*
> ***Quelles*** *nouvelles, au bureau ?*

7. Le déterminant exclamatif

	Masculin	Féminin
Singulier	quel	quelle
Pluriel	quels	quelles

Comme pour le déterminant interrogatif, on fait la liaison au pluriel si le nom commence par une voyelle ou un h muet.

EMPLOI

Il sert à déterminer l'objet à propos duquel on ressent une vive émotion.

> *Quelle journée magnifique !*
> *Quel film imbécile !*

54. Devoir

« Devoir » indique :

1. L'obligation :

> *Pour avoir l'examen, vous **devez** avoir 25 sur 50.*
> *Sur une autoroute, on ne **doit** pas dépasser 130 km/h.*

2. La probabilité :

> *Nous sommes vendredi, j'ai envoyé ma lettre mercredi, il a **dû** la recevoir.*
> *Il n'est plus chez lui, il a **dû** partir, il va arriver dans quelques minutes.*

Ainsi la phrase : « Il a dû partir » a 2 sens : il a été obligé de partir ou il est probablement parti.
Ce qui est avant et après la phrase, le contexte, permet seul de comprendre.

Différent (voir : Déterminant indéfini 53[3])

Discours indirect (voir : Style indirect 136)

Divers (voir : Déterminant indéfini 53[3])

Dont (voir : Pronom relatif 124)

Doute (expression du doute) (voir : Conjonctive 39[3])

55. Du et dû

« Du » est un article, il précède un nom :

> *Il veut **du** sel.*
> *Il vient **du** bureau.*

(voir paragraphe : Article 12[2] et 12[4]).

« Dû » est le participe passé de « devoir » (voir : Conjugaison 40[4]).

Duquel (voir : Pronom relatif 124 et interrogatif 121)

56. Durant

« Durant » est une préposition qui indique le temps, il est synonyme de « pendant » :

> **Durant** *la guerre, ils sont partis à l'étranger.*
> *J'ai attendu deux heures **durant**.*

Elle, elles (voir : pronom personnel sujet 122[1])

57. En

« En » peut être :

Un pronom : *J'**en** veux. Il **en** vient.*
Une préposition : *Il va **en** Belgique. **En** regardant de loin, on ne peut pas le voir.*

1. Pronom

— « En » remplace un nom indéterminé désignant une personne ou une chose.

> *Je vois une voiture.* → *J'**en** vois une.*
> *Il y a un blessé.* → *Il y **en** a un.*
> *Il veut du pain.* → *Il **en** veut.*

— « En » remplace un nom précédé d'un déterminant indéfini ou numéral, indiquant une quantité.

> *Il a apporté deux cadeaux.* → *Il **en** a apporté deux.*
> *Il a beaucoup de demandes.* → *Il **en** a beaucoup.*

Dans la phrase avec « en », on doit indiquer la quantité car « en » ne l'indique pas, mais signifie plutôt : « parmi tout ce qui est possible, parmi tout ce qui existe ».

— « En » remplace un nom précédé de la préposition « de ». Si le nom désigne une chose, elle peut être déterminée :

> *Il se souvient de cette histoire.* → *Il s'**en** souvient.*

ou indéterminée :

> *Il a besoin d'un marteau.* → *Il **en** a besoin d'un.*

Mais s'il désigne une personne, elle est indéterminée :

> *Il a besoin d'un autre ouvrier.* → *Il **en** a besoin d'un autre.*

mais :

> *Il a besoin de cet ouvrier.* → *Il a besoin de **lui**.*

PLACE DE « EN »

« En » se place avant le verbe dont le nom qu'il remplace est complément :

> *Il y a trop de vent.*

« vent » est complément de « a », « en » se met avant « a » :

> *Il y **en** a trop.*
> *Y a-t-il beaucoup de vent ?* → *Y **en** a-t-il beaucoup ?*
> *Ne prenez pas de pain !* → *N'**en** prenez pas !*

mais si c'est un impératif positif, il se place après :

> *Prenez du pain !* → *Prenez-**en** !*
> *Allez voir un film !* → *Allez **en** voir un !*

Si le verbe est pronominal, « en » se met entre le pronom complément et le verbe.

> *Je me souviens de ce film.* → *Je m'**en** souviens.*
> *Je ne me doutais pas de la fin.* → *Je ne m'**en** doutais pas.*
> *Ne t'occupes pas de cette affaire !* → *Ne t'**en** occupe pas !*

mais :

> *Souviens-toi de son nom !* → *Souviens-t-**en** !*

S'il y a dans la phrase un pronom personnel, « en » se met après lui.

> *Il leur **en** parlera.*
> *Je vous **en** parlerai.*

- Si c'est une question :

> *Leur **en** parlera-t-il ?*
> *M'**en** donnerez-vous ?*

- Si la phrase est impérative positive on dit :

> *Parlez-lui **en** !*

- Si la phrase est impérative négative, on dit :

> *Ne lui **en** parlez pas !*

S'il y a 2 verbes

> *Il veut faire du sport.*

« du sport » est complément de « faire », « en » se met avant « faire »

> *Il veut **en** faire.*

- Si c'est une question :

> *Veut-il **en** faire ?*

- Si le premier verbe est : voir, entendre, écouter, sentir, laisser, regarder, faire, envoyer, etc.

> *Il écoute jouer une symphonie.*

l'ordre est :

> *Il **en** écoute jouer une.*
> *Vous faites faire un costume.* → *Vous **en** faites faire un.*

2. Préposition

« En » indique :

la saison : *en* été, *en* automne, *en* hiver...

le mois : *en* janvier, *en* mars, *en* octobre...

le lieu + noms de pays ou de continent féminin ou commençant par une voyelle ou un h muet : *en* Hollande, *en* Espagne, *en* Bretagne...

la durée : *Il a fait beaucoup de progrès en un an.* Le temps n'est pas vu dans son déroulement.

les moyens de communication : *en* avion, *en* bus, *en* voiture...

la matière : *des gants en cuir.*

« En » n'est pas suivi d'article.

En admettant de (voir : Condition 37[4])
En admettant que (voir : Condition 37[4])
En cas de (voir : Condition 37[1])
Encore que (voir : Opposition 101[3])

58. Entre

« Entre » est une préposition qui donne des limites dans l'espace et le temps.

> *Sur la photo il est **entre** son père et sa tante.*
> *L'école se trouve **entre** le gymnase et la Mairie.*
> *J'irai manger **entre** midi et midi et demi.*
> *La Régence se situe **entre** les règnes de Louis XIV et de Louis XV.*

Est-ce que (voir : Question 130)

59. Et

« Et » est une conjonction de coordination qui indique que l'on ajoute quelque chose, elle peut s'employer entre différents mots.

> Noms : *Prenez ce médicament matin, midi **et** soir.*
> Adjectifs : *Le drapeau est bleu **et** rouge.*
> Adverbes : *Il l'a fait vite **et** bien.*
> Propositions : *Il doit venir demain **et** rester toute la journée.*

Étant donné que (voir : Cause 25[4])
Et cetera, et caetera (voir : Abréviation 2)

60. Être

Voir : Conjugaison 40[8]

- Auxiliaire

Je suis sorti

(voir : Temps composé 40[1])

- Être + attribut

Il est jeune. Vous êtes médecin. Ils sont quatre.

- « C'est », « ce sont », « c'était », etc. (voir : « Ces » 30 et « C'est » 42[5]).

- *J'ai été à Rome = Je suis allé à Rome.*

Ici « être » est synonyme de « aller ».

- Dans des expressions

« être » s'emploie pour dire
la date :

Aujourd'hui, nous sommes le 5.

l'heure :

Il est trois heures.

« être à » = « appartenir » :

Cette maison est à notre famille depuis longtemps.

« être en voie de » indique un processus lent.

Ce projet est en voie d'aboutir

signifie qu'on voit le commencement d'une acceptation de ce projet.

« être loin de » + infinitif indique la distance réelle ou figurée.

Je suis loin d'avoir compris. = je n'ai pas compris du tout.

« être tenu à » + infinitif ou « être tenu de » + infinitif = « être obligé de » :

Vous n'êtes pas tenu à vous occuper de cela. = vous n'êtes pas obligé de vous occuper de cela.

« être en train de » : voir Aspect 13[2].

61. Eux

*Les voisins, **eux**, sont partis.* (voir : Pronom personnel sujet 122[1])

*Il a pensé **à eux**.* (voir : Pronom complément d'objet indirect 122[2])

Éventualité (dans l'éventualité de : voir : Condition 37[1]) (dans l'éventualité où : voir : Condition 37[6])

Exclamatif (voir : Déterminant exclamatif 53[7])

62. Exception (expression de l'exception)

On emploie les locutions prépositionnelles suivantes : « à l'exception de », « en dehors de », « excepté », « sauf », « mis à part », « à part », etc.

*Il n'a vendu aucun tableau **mis à part** une aquarelle.*

*Je n'ai vu personne **excepté** deux enfants.*

Les mots en -an ne doublent pas le « n » au féminin, excepté : Jean et paysan.

Attention ! Lorsque « excepté » est avant le nom, il est invariable

*Excepté **deux** enfants.*

63. Faillir

Il s'emploie comme semi-auxiliaire suivi d'un infinitif.

J'ai failli tomber. = j'ai manqué tomber.

Il a failli réussir. = il a manqué réussir.

(voir : Conjugaison 40[9]).

64. Faire

Voir : Conjugaison 40 et 40[7].

- « Faire » + infinitif.

*Il a **fait** appeler le médecin.*

indique que l'on ne fait pas quelque chose soi-même mais qu'on est la cause de cette action.

*Nous l'avons **fait** faire.* = c'est nous qui avons demandé qu'on le fasse.

« Fait » + infinitif est invariable.

> *Ces peintures, je **les** ai **fait** faire il y a deux ans.*

- « Faire » peut s'utiliser à la place d'un autre verbe pour ne pas le répéter.

> *Malgré cette longue séparation nous avons bavardé comme nous l'avions toujours **fait**.* fait = bavardé.

- « Faire » verbe unipersonnel.

> *Il **fait** beau.* = le temps est beau.
> *Il **fait** froid.* = le temps est froid.
> *Il **fait** soleil.* = il y a du soleil.
> *Il **fait** nuit.* = la nuit est tombée.

Il s'emploie pour parler du temps ou de l'éclairage.

- « Faire » s'emploie dans de nombreuses expressions.

> ***Faites** bien attention !* = soyez prudents.
> *Il a **fait celui qui** n'entendait pas.* = il a voulu qu'on croie qu'il n'entendait pas.
> *Ne le lui dit pas ça, on ne peut pas lui **faire confiance**.* = avoir confiance en lui.
> *A cette soirée j'ai **fait connaissance** avec mes nouveaux voisins.* = Rencontrer pour la première fois.
> *Il lui **a fait observer** qu'il l'avait déjà fait.* = Il a attiré son attention sur le fait qu'il l'avait déjà fait.
> *Il **n'a fait que** se plaindre pendant toute la soirée.* = Il n'a pas arrêté de se plaindre.

65. Falloir

« Falloir » est un verbe unipersonnel (voir : Conjugaison 40[10]).
Il indique une obligation, une nécessité.

> *Pour faire ce plat **il faut** du vin.* = On ne peut pas faire ce plat sans cela.

« Falloir » peut être suivi d'un nom ou d'une proposition infinitive

> ***Il faut** y **aller** maintenant.* = Nous devons y aller.

« Falloir » peut être suivi d'une proposition conjonctive.

> ***Il faut que** je parte maintenant.* (voir : Conjonctive 39[3])

Féminin des adjectifs (voir : Adjectif 6[3])

Féminin des noms (voir : Nom 95[2])

Fin progressive (voir : Aspect 13[4])

Fol (voir : Beau 20)

Futur (voir : Aspect 13[1] et Conjugaison 40 et 36[2])

Futur antérieur (voir : Aspect 13[1] et 40[1])

Futur immédiat (voir : Aspect 13[3])

Genre (voir : Adjectif 6 ; et Nom 9[5])

66. Gérondif

Le gérondif se forme avec la préposition « en » + participe présent (voir le paragraphe : Participe présent 104[1]).
Le sujet du gérondif est le même que le sujet du verbe conjugué. Il indique la simultanéité.

>   *Il travaillait **en sifflant**.*

ou le temps et la condition

>   ***En passant** par cette rue, vous gagnerez du temps.* = si vous passez par cette rue, quand vous passez par cette rue.

67. H aspiré et h muet

La lettre « h » en français n'est jamais prononcée. La majorité des mots commençant par la lettre « h », commencent par un h muet.

LISTE DES PRINCIPAUX MOTS COMMENÇANT PAR UN H ASPIRÉ

(Noter que « un héros » commence par un « h aspiré » mais que « une héroïne » commence par un « h muet ». Les noms propres des pays de langue germanique et des pays orientaux commencent par un « h aspiré ».)

hache (la)	hanche (la)	harpe (la)	hoquet (le)
hagard	hand-ball (le)	hasard (le)	hors
haie (la)	handicap (le)	hâte (la)	hotte (la)
haillon (le)	hangar (le)	haut	houille (la)
haine (la)	hanter	héler	houle (la)
haïr	happer	hérisser	housse (la)
hâle (le)	harasser	héros (le)	houx (le)
haleter	harceler	hêtre (le)	hublot (le)
hall (le)	hardi	heurt (le)	huer
halle (la)	hareng (le)	hideux	humer
halo (le)	hargneux	hisser	hurler
halte (la)	haricot (le)	honte (la)	hutte (la)
hameau (le)			

68. Heure

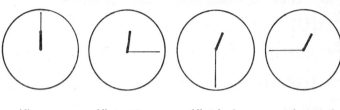

midi
midi pile
douze heures

midi et quart

douze heures quinze

midi et demi

douze heures trente

une heure moins
le quart
douze heures
quarante cinq

minuit
minuit pile
zéro heure

minuit et quart
zéro heure quinze

minuit et demi
zéro heure trente

une heure moins
le quart
zéro heure
quarante cinq

trois heures dix
quinze heures dix

trois heures vingt
quinze heures vingt

quatre heures moins
vingt
trois heures quarante

quatre heures moins
dix
trois heures
cinquante.

Hypothèse (« dans l'hypothèse de » : voir : Condition 37[1]) (« dans l'hypothèse que » : voir : Condition 37[1])

69. Il - ils

« Il » est le pronom sujet (voir : Pronom personnel 122[1]) de la troisième personne du singulier au masculin, il sert aussi de sujet aux verbes unipersonnels (voir ce paragraphe : 40[10]).

Il faut. Il neige. etc.

« Ils » est le pronom sujet de la troisième personne du pluriel au masculin.

70. Il y a

« Il y a » est un présentatif, il peut être suivi :
d'un nom

> *Il **y a** une lettre.*

d'un pronom :

> *Il n'**y a** personne.*

d'une proposition :

> *Qu'est-ce qu'**il y a** ?* réponse : ***Il y a que** je ne suis pas content.*

« Il y a » ne se met pas au pluriel.

> *Il y av**ait** des papiers partout.*

Imparfait (**Imparfait de l'indicatif** : voir : Conjugaison 40^2) (**Emploi** : voir : Aspect 13^1) (**Imparfait du subjonctif** : voir : Temps littéraire 141, Concordance des temps 36^1)

71. Impératif

Il y a 3 personnes : tu, nous, vous,

> *Prends ! Prenons ! Prenez !*

Il se conjugue comme le présent de l'indicatif mais sans pronom.

Pour donner un ordre aux troisièmes personnes du singulier et du pluriel, on utilise le présent du subjonctif.

> *Qu'il vienne ! Qu'ils viennent !*

(voir aussi : Conjugaison 40^1, présent du subjonctif).

Mais pour les verbes du premier groupe et pour certains verbes en -ir : assaillir, couvrir (et ses dérivés), cueillir (et ses dérivés), défaillir, offrir, ouvrir (et ses dérivés), souffrir, tressaillir, la deuxième personne du singulier **n'a pas de « s »**, sauf avant « en » et « y » non suivis d'un infinitif, exemples :

verbe du 1er groupe	verbe du 2e groupe
parle mais : parles-en !	finis
parlons	finissons
parlez	finissez

verbe du 3e groupe	Exception : offrir
lis	offre mais : offres-en
lisons	offrons
lisez	offrez

avoir	être	aller
aie	sois	va mais : va**s**-y !
ayons	soyons	allons
ayez	soyez	allez

L'impératif passé est peu utilisé. Il se forme avec les auxiliaires « être » et « avoir » au subjonctif présent + participe présent.

avec l'auxiliaire avoir	avec l'auxiliaire être
aie terminé	sois arrivé
ayons terminé	soyons arrivés
ayez terminé	soyez arrivés.
	(voir aussi Accord 4)

Une phrase à l'impératif négatif commence par : « ne ».

> **Ne** *parlez pas !*
> **Ne** *le faites pas.*

Pour l'ordre des mots, voir : En 57, Y 147 et Pronoms personnels 122.

Impersonnel (voir : Verbe unipersonnel 40[10])

Improbabilité (expression de l'improbabilité) (voir : Conjonctive 39[3])

72. Indéfini

> *Il n'a* **aucun** *ami.*

« Aucun » est avant un nom (voir : Déterminant indéfini 53[3])

> *Il n'en a* **aucun**.

Il n'y a pas de nom après « aucun » (voir : Pronom indéfini 120).

Indicatif (voir : Conjugaison 40 et Aspect 13)

73. Infinitif

L'infinitif a 2 temps : le présent et le passé. Dans un dictionnaire, le verbe est au présent de l'infinitif.

> *march**er**, pâl**ir**, rend**re**, croî**tre**, **voir**.*

L'infinitif passé se forme en mettant l'auxiliaire au participe présent et le verbe au participe passé :

infinitif présent	infinitif passé
danser	ayant dansé
finir	ayant fini
aller	étant allé
devenir	étant devenu.

Le participe passé s'accorde (voir : Accord 4^3-4^4).

L'infinitif s'emploie dans une proposition infinitive. Lorsque l'infinitif exprime une action antérieure à celle du verbe conjugué, l'infinitif est au passé.

*Il pense **s'être trompé**.*

Il s'est d'abord trompé, il a pensé après qu'il s'était trompé.

*Il a dit l'**avoir déjà vu**.*

Il a vu une personne une fois puis il dit qu'il l'a vue.

Voir aussi : Conjonctive 39, But 23, Cause 25, Condition 37, Conséquence 41, Opposition 101, Temps 140.

On emploie une proposition infinitive après les verbes de perception comme : voir, regarder, observer, entendre, écouter, sentir, etc.

*Il écoute l'oiseau **chanter**.*
*Il sent son cœur **battre** plus vite.*

Interrogatif (voir : Déterminant interrogatif 53^6, Pronom interrogatif 121 et Question 130)

74. Inversion du sujet

On fait l'inversion du sujet dans les questions.

Où vas-tu ?

(voir : Question 130)

On inverse le sujet dans les propositions incises (qui coupent une phrase).

*Son opinion, **affirmait-il**, était faite depuis longtemps.*
*Aller à la mer, **s'exclama-t-il**, quelle bonne idée !*

On peut l'inverser après certains adverbes et locutions placés en tête de phrase : à peine, ainsi, aussi, au moins, du moins, encore, en vain, vainement, rarement, peut-être, plutôt, à plus forte raison, aussi bien, sans doute, surtout si le sujet est un pronom personnel ou « ce » et « on ».

*Peut-être **est-il** déjà chez lui.*
*Ainsi cet épisode **s'est-il terminé**.*

Je (voir : Pronom personnel sujet 122[1])

Jugement **(verbe de jugement)** (voir : Conjonctive 39[3])

75. Jusqu'à et Jusqu'en

Ces prépositions indiquent la fin d'une durée ou d'une distance. Le temps est vu comme un processus.
« Jusqu'à » s'utilise pour un moment précis, et pour le printemps.

> *Je reste ici **jusqu'à** mardi.*
> *Je reste ici **jusqu'au** printemps.*

« Jusqu'en » s'utilise pour des périodes plus longues, la fin de la durée est imprécise.

> *Nous avons habité ici **jusqu'en** 1960.*

Distinguer :

> *Je reste ici **jusqu'à** l'été.* = Je pars le 1er jour de l'été.
> *Je reste ici **jusqu'en** été.* = Je passe les premiers jours de l'été ici.

Jusqu'à ce que (voir : Temps 140[2])

76. La et là

« La » peut être un **article**.

> *Il a fermé **la** fenêtre.*
> *Nous sommes partis à **la** campagne.*

« La » article se place avant un nom féminin. (voir : Article 12[1])

« La » peut être un **pronom.**

> *Il **la** ferme.* ou *Apporte-**la**.*
> *Nous **la** donnons.* ou *Donnez-**la**.*

« La » pronom se place avant ou après un verbe (voir : Pronom personnel 122[2]).

« Là » est un **adverbe de lieu**.

> *Nous habitons **là**.*
> *Je l'ai oublié **là**.*

« Là » **adverbe** se place après le verbe.
Voir aussi : Adverbe 7[2] et Déterminant démonstratif 53[2].
Pour dire que le lieu est éloigné on ajoute « -bas ».

> *Je ne vois rien **là-bas**.*
> *Nous avons marché jusque **là-bas**.*

77. Laisser

Pour la place du pronom complément dans une phrase avec « laisser », voir « en » et pronoms personnels.
« Laisser » indique une action permise par quelqu'un.

> *Je **laisse** Pierre jouer. = J'accepte que Pierre joue.*
> *Il **laisse** parler cet homme.* ou *Il **laisse** cet hommer parler.*
> *Elle **laisse** pleurer son enfant.* ou *Elle **laisse** son enfant pleurer.*

La leur (voir : Pronom possessif 123)

La même (voir : Pronom indéfini 120 et Déterminant indéfini 53[3])

La mienne (voir : Pronom possessif 123)

78. La plupart

« La plupart » + nom pluriel + verbe pluriel.
> ***La plupart** des gens sont partis.*
> ***La plupart** l'**ont entendu** dire.*

79. Le

« Le » peut être un **article**.
> *Il commande **le** repas.*
> *Il lit **le** journal.*

« Le » article est avant un nom (voir : Article défini 12[1]).
« Le » peut être un **pronom**.

> *Je **le** vois* ou *Lis-**le** !*
> *Il **le** lui répète* ou *Rends-**le** lui !.*

« Le » pronom est avant ou après un verbe ou un autre pronom.
(voir : Pronoms personnels 122).

Le leur (voir : Pronom possessif 123)

Le même (voir : Pronom indéfini 120)

Le mien (voir : Pronom possessif 123)

80. Les

« Les » peut être un **article.**

> *Il écoute **les** conseils de Pierre.*
> *Nous regardons **les** joueurs.*

« Les » article est avant un nom ou un adjectif (voir : Article défini 12[1]).

« Les » peut être un **pronom.**

> *Il **les** écoute.*

ou :

> *Regarde-**les** !*
> *Nous **les** regardons.*
> *Achète-**les** !*

« Les » pronom est avant ou après un verbe ou un autre pronom.
(voir : Pronom personnel 122).

Lequel (voir : Pronom interrogatif 121)

81. Liaison

Dans la conversation courante, on **doit** faire la liaison entre :
- le déterminant et le nom :

> *Les enfants, un ami, etc.*

- la préposition ou l'adverbe d'une syllabe et le détermi-nant (seulement si la préposition ou l'adverbe sont très fréquents).

> *En un an, sous un arbre, etc.*

mais :

> *Ver(s) une solution* [vɛrynsɔlysjõ]

- l'adjectif qualificatif et le nom :

> *De gros ennuis, de bons enfants, etc.*

- le pronom sujet et le verbe :

> *Ils étaient, nous avions, étaient-ils ? etc.*

- le pronom sujet et un autre pronom :

> *Vous y êtes, vous en prenez, allons-nous-en !*

- le verbe et « y » ou « en » :

> *Allez-y, prenez-en, vas-y.*

On **ne doit pas** faire la liaison entre
- le nom et l'adjectif qualificatif :

> *Une maison ancienne, un accent italien.*

- le déterminant ou la préposition et le nom commençant par un « h aspiré » :

Un hangar, en haut.

- l'adverbe interrogatif et le verbe :

Quand allez-vous partir ? Comment êtes-vous rentrés ?

- le nom sujet et le verbe :

Le bois est proche. L'avion a atterri.

Lorsque (voir : Quand 126)

Lui (voir : Pronom personnel sujet 122[1] et Complément d'objet 122[2])

82. L'un et l'autre, l'un ou l'autre

Quand « l'un et l'autre » se rapporte au sujet, le plus souvent le verbe est au pluriel.

***L'un et l'autre** appartement me plais**ent**.*

Quand « l'un ou l'autre » se rapporte au sujet, le verbe est au singulier.

***L'un ou l'autre** candidat pourr**ait** réussir dans ce travail.*

Ma (voir : Déterminatif possessif 53[1])

Mal (comparatif et superlatif) (voir : Adverbe 7[3])

Malgré (voir : Opposition 101[1])

Malgré que (voir : Opposition 101[3])

83. Manière (expression de la manière)

On peut exprimer la manière avec des adverbes.

*Il parle très **bien**.*
*Il réussit **parfaitement**.*

On peut aussi l'exprimer avec des prépositions.
Voir « A » 1[2]

*Elle l'a fait **à** la perfection.*

Voir : « Avec » 13[25].

*Il l'a disposé **avec** art.*

Voir : « En » 57.

*Il vous tient **en** haute estime.*

De telle manière que (voir : Conséquence 41[1])

Masculin (voir : Adjectif 6 et Nom 95)

84. Matière (expression de la matière)

On exprime la matière par des prépositions.
Voir : « En » 57.

C'est un foulard en soie.

Voir : « De » 47.

C'est un verre de cristal.

85. Me

Je me lave les dents.

« Je » et « me » désignent la même personne, voir : voix pronominale 125.

Il me donnera son adresse.

« Il » et « me » sont des personnes différentes, voir : Pronom complément 122.

86. Même

« Même » peut être un déterminant indéfini, et il s'accorde.

J'ai reçu hier les mêmes amis que dimanche dernier.
Je n'ai pas pu m'empêcher de dire la même chose.

Il peut être adverbe et ne s'accorde pas.

Il a tout raté, même les choses les plus faciles.

Même si (voir : Opposition 101[3])

Mes (voir : Déterminant possessif 53[1])

Mieux (voir : Adverbe 7[3])

Mil et mille (voir : Déterminant numéral 53[4])

87. Milliard et million

« Milliard » et « million » sont des noms. On dit :
> *Un million de francs.*
> *Un milliard d'insectes.*

88. Mode

Pour la conjugaison des principaux temps de l'indicatif et le présent du subjonctif, voir : Conjugaison 40.

Pour l'emploi des temps de l'indicatif, voir : Aspect 13.
Voir aussi : Conditionnel 38. *J'aimerais...*
Et : Subjonctif 137 *Il faut que j'aille...*

Voir : Conjonctive 39, But 23, Cause 25, Condition 37, Conséquence 41, Opposition 101, Temps 140.

89. Moi

> *Moi, je préfère rentrer.*

« Moi » avant « je », voir : Pronom sujet 122[1].

> *Donnez-moi ça !*
> *Pensez à moi.*

« Moi » après un verbe, voir : Pronom complément 122[2] et 122[3].

90. Moins

> *Mon appartement est moins grand que le sien.*

« Moins » avant un adjectif, voir : Adjectif 6[4].

> *Il travaille moins qu'avant.*
> *Il court moins vite que moi.*
> *Ce tableau est moins beau que dans mon imagination.*

« Moins » après un verbe, avant un adverbe, un adjectif, voir : Adverbe 7[3].

A moins de (voir : Condition 37[1] et 37[2])

A moins que (voir : Condition 37[4])

Mol (voir : Beau 20)

Mon (voir : Déterminant possessif 53[1])

91. Mot composé

Voir : Article 12[3] et Nom 95[1].

Pluriel des mots composés

- Si le mot est composé d'un nom et d'un adjectif ou d'un adjectif et d'un nom, ou de deux adjectifs, chaque partie prend le « s » du pluriel.

Un coffre-fort → des coffres-forts.
Une sage-femme → des sages-femmes.
Un rouge-gorge → des rouges-gorges.
Un sourd-muet → des sourds-muets.

Exceptions :

Un nouveau-né → des nouveau-nés.
Un demi-kilo → un kilo et demi.
Une demi-livre → une livre et demie.
Deux demi-litres → deux litres et demi.
Deux demi-heures → deux heures et demie.
Elle est nu-pieds → elle est pieds nus.
Elle est nu-tête → elle est tête nue.

- Si le mot est composé de deux noms :
a) Ils sont juxtaposés : tous les deux prennent le « s » du pluriel :

Une porte-fenêtre → des portes-fenêtres.
Un chien-loup → des chiens-loups.

b) Le second détermine le premier : seul le premier prend le « s » du pluriel,

Un timbre-poste → des timbres-poste.
Un arc-en-ciel → des arcs-en-ciel.
Une eau-de-vie → des eaux-de-vie.

Exceptions :

Un pot-au-feu → des pot-au-feu.
Un pied-à-terre → des pied-à-terre.
Un tête-à-tête → des tête-à-tête.

- Si le mot est composé d'un nom et d'un verbe, le verbe est invariable et le nom prend la marque du pluriel si le sens le permet.

Un chasse-neige → des chasse-neige.
Un coupe-papier → des coupe-papier.
Un couvre-pieds → des couvre-pieds.
Un presse-citron → des presse-citrons.

- Si le nom est composé d'un adverbe ou d'une préposition et d'un nom, seul le nom prend la marque du pluriel.

Un haut-parleur → des haut-parleurs.
Un après-midi → des après-midis.

Cas particuliers

Certains mots composés s'écrivent en un seul mot mais chaque partie prend le « s » du pluriel.

> *Un gentilhomme → des gentilshommes.*
> [ʒɑ̃tijɔm]   [ʒɑ̃tizɔm]

On entend au pluriel le [z] entre l'adjectif et le nom. Autres exemples :

> monsieur   pluriel : *messieurs*
> madame   pluriel : *mesdames*
> mademoiselle   pluriel : *mesdemoiselles*

Mû

Participe passé du verbe mouvoir (40⁹).
L'accent circonflexe n'existe qu'au masculin.

Multiplication (nombre formé par multiplication) (voir : Déterminant numéral 53⁴)

92. Ne

- Voir : Négation 12.
  > *Il **ne** peut **pas** venir.*
  > *Il **ne** vient **plus**.*
  > *Elle **ne** boit **jamais**.*
  > *Il **n'**a **qu'**un enfant.*

- « Ne » est explétif.
  > *J'ai peur qu'elle **ne** puisse venir.*

Il s'emploie avec certaines propositions conjonctives (voir ce paragraphe : 39) exprimant :
- la crainte :
  > *J'**ai peur qu'**il **ne** lui soit arrivé quelque chose.*

- le doute dans une phrase négative ou interrogative :
  > *Il **ne doute pas que** cela **ne** soit bien.*

- la négation dans une phrase négative ou interrogative :
  > *Nous **ne nions pas que** vous **n'**ayez réussi.*

Il s'emploie :
- après : « meilleur », « moindre », « pire », « autre », ou un adverbe d'inégalité :
  > *Ne vous montrez pas **pire que** vous **n'**êtes.*
  > *Ne va pas **plus vite que** tu **ne** le peux.*

- après « éviter que », « empêcher que » :
  > *Nous chercherons à **éviter qu'**il **n'**ait trop de difficultés.*

- après « il s'en faut que », « peu s'en faut que » :

  Il s'en faut de beaucoup que le projet ne soit approuvé.

- après « il tient à ... que », « il dépend de ... que » :

- *Il ne tient qu'à vous qu'on ne vous mette au courant.*

- après « avant que », « à moins que » :

  Nous partirons en weeks-end à moins qu'il ne fasse de l'orage.

Ce « ne » n'est pas obligatoire, il indique que la phrase est soutenue.

Nécessité (expression de la nécessité) (voir : Conjonctive 39)

93. Négation (adverbe de négation)

La négation est en deux mots, le plus souvent : « ne... pas ».
« ne ... plus » signifie la fin d'un état ou d'une action.
« ne ... que » signifie : seulement.

Aux temps simples, « ne » se met avant le verbe et « pas » ou « plus » ou « jamais » ou « que » se met après le verbe.

  Il ne rit jamais.

Aux temps composés, « ne » se met avant l'auxiliaire et « pas » ou « plus » ou « jamais » ou « que » se met après l'auxiliaire.

  Ils n'ont jamais travaillé.

Mais dans une proposition infinitive « ne pas » se met avant le verbe.

  Je vous demande de ne pas le dire.
  Il a recommandé de ne pas faire cela maintenant.

94. Ni

« ni ... ni » est le contraire de : « et ... et ». Il se met devant chaque mot nié. La négation est seulement : « ne ».

  Il n'est venu ni hier, ni avant-hier.
  Il n'a besoin ni de ton aide, ni de la mienne.

Attention :

  Il veut du pain et du chocolat → Il ne veut ni pain ni chocolat.
mais :
  J'achète le pain et le chocolat → Je n'achète ni le pain ni le chocolat.

N'importe quel (voir : Déterminant indéfini 53³)

N'importe lequel (voir : Pronom indéfini 120)

95. Nom

Les noms communs sont toujours précédés d'un déterminant, les noms propres ne le sont en général pas.
Ne le sont pas : les prénoms, les noms de famille, la majorité des noms de villes.
Le sont : les noms de pays, de continents, de rivières, de mers.

Si on veut distinguer deux personnes qui portent le même prénom, ou opposer deux noms propres, on utilise l'article défini :

> *Le Claude que je connais est jeune.*
> *Je trouve les Martin désagréables alors que les Dupont sont très gentils.*
> *Le Paris que je connais n'est pas le même que le tien.*

1. Formation du pluriel

> PLURIEL = SINGULIER + s.

Le « s » n'est pas prononcé. Lorsqu'on parle, le pluriel s'entend par le déterminant.

> *Un pain, des pains.*
> *L'homme, les hommes.*

NOMS N'EXISTANT QU'AU SINGULIER

Certains noms n'existent qu'au singulier. Il s'agit d'adjectifs désignant des abstractions.

> *Le beau, le laid, le vrai, le faux, le bien, le mal, etc.*

NOMS N'EXISTANT QU'AU PLURIEL

Certains sont féminins : *les funérailles, les obsèques, les ténèbres, les vacances* (dans le sens d'une période de congé), *les mœurs.*
D'autres sont masculins : *les alentours, les arrhes, les environs, les frais.*

PLURIEL EN « X »

- Les noms terminés au singulier par -au, -eau, -eu prennent un « x » au pluriel.

> *Un noyau → des noyaux.*
> *Un bateau → des bateaux.*
> *Un cheveu → des cheveux.*

Exceptions : Les noms suivants ont leur pluriel en « s » :
> *Un landau, un sarrau, un bleu, un pneu.*

- Les noms terminés par -al au singulier ont leur pluriel en -aux.
> *Un cheval → des chevaux.*
> *Un mal → des maux.*

Exceptions : Les noms suivants ont leur pluriel en -als :
> *Un aval, un bal, un cal, un carnaval, un chacal, un choral, un festival, un récital, un régal.*

- Les 7 noms suivants ont leur pluriel en -aux :
> *Un bail, un corail, un émail, un soupirail, un travail, un vantail, un vitrail.*

- Les 7 noms suivants ont leur pluriel en -oux :
> *Un bijou, un caillou, un chou, un genou, un hibou, un joujou, un pou.*

NOMS IRRÉGULIERS

Un bœuf → des bœufs [œ̃bœf], [dɛbɸ]
Un œuf → des œufs [œ̃nœf], [dɛzɸ]
Un os → des os [œ̃nɔs], [dɛzo]
Un ciel → des cieux
Un œil → des yeux

PLURIEL DES NOMS ÉTRANGERS

Au pluriel on ajoute un « s ».
> *Un solo, des solos*

mais :
> *Un leitmotiv, des leitmotive* (Acad.)

on trouve aussi *des leitmotivs.*
> *un lied, des lieds*

on trouve aussi *des lieder.*

ADJECTIF + NOM AU PLURIEL

Lorsqu'un nom est précédé d'un adjectif et de l'article indéfini ou partitif, il n'y a pas d'article au pluriel mais la préposition « de ».
> *Je visite **un** vieux château.*

Pluriel :
> *Je visite **de** vieux châteaux.*
> *On construit **un** nouvel immeuble.*
> *On construit **de** nouveaux immeubles.*

ADJECTIF + NOM ≠ MOT COMPOSÉ

Il ne faut pas confondre un nom précédé d'un adjectif avec certains mots composés formés d'un adjectif et d'un nom. Ainsi « petit four » est un mot composé.

On doit considérer « petit » comme la première partie du nom et non comme un adjectif. Les mots composés n'obéissent pas à la règle ci-dessus c'est-à-dire :

Je visite de vieux châteaux.

mais :

Je mange des petits fours.
J'achète des petits pois.

Liste de quelques mots composés : le petit four, le petit pois, la petite cuiller, le petit pain, le petit gâteau, le petit beurre, le petit garçon, la petite fille, le jeune homme, la jeune fille, le gros mot, la grande personne, le petit enfant, etc.

Le pluriel de « jeune homme » est « jeunes gens ».

Mais si le mot composé est précédé d'un adjectif, la règle ci-dessus s'applique.

Je mange des petits fours.

mais :

Je mange de délicieux petits fours.

2. La formation du féminin

Certains noms ne se distinguent que par leur genre.

Un poêle (à bois) ≠ *une poêle* (à crêpes).
Un manche (à balai) ≠ *une manche* (de veste).

FÉMININ = MASCULIN + e

PRONONCIATION :

Le mot finit par une voyelle orale, pas de changement au féminin.

Un ami → une amie.

Le mot finit par une voyelle nasale :

Un comédien → une comédienne. [œ̃kɔmedjɛ̃] [ynkɔmedijɛn]

Le mot finit par une consonne non prononcée au masculin. Elle est prononcée au féminin.

Un candidat → une candidate.

Le mot finit par une consonne prononcée, pas de changement au féminin.

Un artiste → une artiste.

REDOUBLEMENT DE LA CONSONNE FINALE

Les noms qui se terminent par -el, doublent le « l » :

Colonel → colonelle.

ainsi que la plupart des prénoms en -el ; certains font aussi -èle :

Michel → Michelle ou Michèle.

Les noms qui se terminent par « en » ou « on » doublent le « n » :

> *Un Parisien* → *une Parisienne*
> *Un lion* → *une lionne*

Quelques mots en « an » doublent le « n » :

> *Jean* → *Jeanne*, *paysan* → *paysanne*

Les noms qui se terminent par « et » doublent le « t » (excepté « préfet ») :

> *Un minet* → *une minette*

ainsi que :

> *Chat* → *chatte* et *Sot* → *sotte.*

CHANGEMENT DE LA CONSONNE FINALE

« f » → « v » : *Un veuf, une veuve.*

« c » → « qu » : *Laïc, laïque. Public, publique.*

Cas particulier : *Grec, grecque.*

« x » → « se » : *Époux* → *épouse.*

Exception : *Vieux* → *vieille.*

« x » → « sse » : *Roux, rousse.*

-er → -ère : *Boucher, bouchère.*

Il y a remplacement de -eau, par -elle : *Jumeau* → *jumelle.*

ADDITION ET MODIFICATION DE SUFFIXES

- **Féminin = masculin + « esse » :**

> *Hôte* → *hôtesse.*

Et pour les mots :

> *Ane, comte, diable, maître, prêtre, prince, Suisse, tigre, vicomte.*

Mais :

> *Dieu* → *déesse. Duc* → *duchesse.*
> *Poète* → *poétesse. Prophète* → *prophétesse.*

- **Si on a :**

> *Un coiffeur,* participe présent : *coiffant* → féminin : *coiffeuse.*
> *Un danseur,* participe présent : *dansant* → féminin : *danseuse.*

Exception : *inspecteur* → *inspectrice.*

Si le participe présent n'a pas le même radical que le masculin, le féminin est -trice : *Un directeur* → *une directrice.*

- **Féminin en -e :** *Un inférieur, un mineur, un supérieur.*

> → *Une inférieure, une mineure, une supérieure.*

Nombre (voir : Déterminant numéral 63[4])

96. Nombre de et bon nombre de

Ces expressions sont suivies d'un nom pluriel.

Il a reçu bon nombre de cadeaux. = Un grand nombre.

Si ces expressions sont sujets, le verbe se met au pluriel.

*Bon nombre de **ses** ami**s** **sont** en vacances.*

97. Non

« Non » s'emploie pour nier une phrase affirmative :

Avez-vous déjeuné ? Non. = Je n'ai pas déjeuné.

ou pour nier une phrase négative :

Vous n'avez pas déjeuné ? Non. = Je n'ai pas déjeuné.

Non pas que (voir : Ce n'est pas que 28)

98. Non plus

« Non plus » s'emploie dans une phrase négative et signifie : « pareil ».

Je ne veux pas de café, et toi, est-ce que tu en veux ?
Non, je n'en veux pas non plus. = Je suis comme toi, je n'en veux pas.
Il n'a pas de famille et pas d'ami non plus. = Il n'a pas de famille et pour les amis c'est la même chose que pour la famille.

Non que (voir : Ce n'est pas que 28)

Nos (voir : Déterminant possessif 53[1])

Notre (voir : Déterminant possessif 53[1])

Nôtre (le vôtre) (voir : Pronom possessif 123)

Nouveau, nouvelle (voir : Beau 20)

Nouveau-né (voir : Mot composé 91)

Nu (voir : Mot composé 91)

99. Nul

« Nul » peut être un déterminant indéfini :

Nul homme ne l'a vu.

« Nul » est avant un nom (voir ce paragraphe 53³).

« Nul » peut être un pronom indéfini :

Nul n'est venu.

Il n'y a pas de nom après « nul » (voir ce paragraphe 120).

« Nul » peut aussi être un adjectif :

*Ce film est **nul**.* = Très mauvais.

Numéral, numéraux (voir : Déterminant numéral 53⁴)

Obéir (voir : Désobéir 52)

100. On

« On » est un pronom personnel sujet que l'on utilise quand le sujet est indéfini (voir : Pronom indéfini 120).

On a dit que le premier Ministre allait démissionner.
« On » = des gens.
On est revenu de vacances hier. Dans le langage familier, « on » = « nous ».

« On » est un pronom de la troisième personne du singulier, il n'a pas de pluriel.

101. Opposition

1. On peut opposer un nom à un autre

avec les prépositions : « contre », « malgré », « au lieu de » :

*L'équipe de football de Poitiers joue **contre** celle de Lyon.*
***Malgré** sa maladie, il va travailler tous les jours.*

« Malgré » réunit dans une phrase 2 idées contradictoires.

*J'ai acheté du bœuf **au lieu de** porc.*

« Au lieu de » signifie : « à la place de ».

2. On peut opposer une phrase à une autre

avec la préposition « au lieu de » + infinitif, la conjonction de coordination « mais », les adverbes

« pourtant », « seulement », « quand même », « tout de même ».

« mais », « pourtant », « seulement » se mettent *entre* les 2 phrases :

> *Il veut acheter une nouvelle voiture* **mais** *il n'a pas d'argent.*

« Quand même », « tout de même », se mettent *en fin* de phrase :

> *Je lui ai interdit d'aller au cinéma, il veut y aller* **quand même***.*
>
> *Je lui ai interdit d'aller au cinéma, il veut y aller* **tout de même***.*

« Quand même » et « tout de même » signifient : malgré mon interdiction. Ces deux adverbes sont familiers.

3. On peut opposer une proposition à une autre

avec les conjonctions de subordination :
- conjonction de subordination + indicatif : « même si »
- conjonction de subordination + subjonctif : « bien que », « quoique », « encore que », « malgré que »
- conjonction de subordination + indicatif ou + conditionnel : « tandis que », « alors que ».

INDICATIF

(pour le choix du temps voir le paragraphe sur les Aspects 13)

Même si

> **Même si** *on me donnait ce tableau, je n'en voudrais pas.*
> = Je ne veux pas de ce tableau et même si on me le donnait je ne le prendrais pas.

On insiste ici sur le refus du tableau.

> **Même s'***il faisait moins 30°, je sortirais.* = J'ai envie de sortir et même un très grand froid ne pourra m'en empêcher.

On insiste ici sur l'intention de sortir.

Pour le choix des temps, voir : Concordance des temps 36.

Bien que, quoique, malgré que, encore que

Ces conjonctions opposent une action ou un état à une autre action ou un autre état.

> *Il est très fort* **bien qu'***il ne soit plus très jeune.*
> *Le temps a été très beau* **quoiqu'***il ait fait très froid.*
> *Il a réussi son examen* **malgré qu'***il ait été très difficile.*
> *Il lui a dit des choses très désagréables* **encore qu'***il n'ait pas eu tout à fait tort.*

Tandis que, alors que + indicatif

L'indicatif indique qu'on oppose deux actions ou deux états réels.

> *J'ai travaillé toute la journée **alors que** tu t'es amusé.*
>
> ***Tandis qu'**il se mettait en colère, il pensait à sa résolution de ne plus s'emporter.*

Tandis que, alors que + conditionnel, verbe principal + conditionnel

- Les deux verbes sont au conditionnel présent, cela indique que les deux actions ou les deux états ne sont pas réels maintenant mais imaginés.

> ***Tandis que** je resterais à la maison, tu pourrais aller le chercher.*
>
> *Nous porterions la voiture à réparer **tandis que** vous iriez à pied au village.*

- Les deux verbes sont au conditionnel passé première forme, cela indique que les deux actions ou les deux états ne sont plus possibles maintenant et comme regrettés.

> ***Tandis que** j'aurais été à la poste, tu aurais pu le recevoir.*
>
> ***Tandis que** nous nous serions occupés de la partie administrative, vous vous seriez occupés de la partie commerciale.*

Alors que, tandis que + conditionnel, verbe principal + indicatif

On oppose une action ou un état réels à un autre qui est supposé.

> *J'accepte ce travail **alors que** je pourrais en avoir un plus intéressant sans doute, mais j'ai besoin d'argent.*
>
> *J'ai accepté ce travail **alors que** j'aurais pu en avoir un plus intéressant sans doute, mais j'avais besoin d'argent.*
>
> ***Tandis qu'**il pourrait aller à la plage avec nous, il reste à lire.*
>
> ***Tandis qu'**il aurait pu aller à la plage avec nous, il est resté à lire.*

Ordinal, ordinaux (voir : Déterminant ordinal 53[5])

102. Ou - où

- « Ou » est une conjonction de coordination qui exprime l'existence d'un choix :

> *Veux-tu du thé **ou** du café ?* = Les deux sont possibles.

- « Où » peut être un pronom relatif :

> *La ville **où** j'habite est petite.*

« Où » est entre 2 propositions (voir : Pronom relatif 124).

- « Où » peut être un pronom interrogatif :

Où veux-tu dîner ?

« Où » commence une question (voir : Pronom interrogatif 121 et Question 30).

103. Par

« Par » est une préposition qui désigne l'agent :

*Il a été blessé **par** un chasseur.*

(voir : Agent 8 et Passive 107).

Elle indique aussi le lieu par lequel on passe :

*Pour aller de Paris à Marseille, nous passerons **par** Lyon.*
*Le bateau est passé **par** le canal de Panama.*

104. Participe

Le participe a 2 temps : le présent et le passé.

1. Le participe présent

Il se forme en prenant le radical de la première personne du pluriel du présent de l'indicatif + ant :

*Nous **chantons** participe présent : **chant**ant.*
*Nous **finissons** participe présent : **finiss**ant.*
*Nous **prenons** participe présent : **pren**ant.*

Exception :

Nous savons participe présent : sachant.
Nous sommes participe présent : étant.
Nous avons participe présent : ayant.

(voir aussi : Conjugaison 40).

Le participe présent s'emploie :
a) pour former le gérondif (voir ce paragraphe : 66).
b) en tant que verbe, il remplace une proposition relative :

*Les **cours** commen**çant** le premier février finir**ont** le 30 juin.* = Les cours qui commencent le 1er février.
*Les personnes préfér**ant** se reposer pourr**ont** voir un film.* = Les personnes qui préfèrent se reposer.

Le participe présent est invariable. Il exprime un non accompli.

c) en tant qu'adjectif, il s'accorde en genre et en nombre avec le mot qualifié :

*Les rideaux jauniss**ants** ont été remplacés.*
*On m'a raconté un**e histoire** étonnante.*

2. Le participe passé

Sa forme est donnée dans les tableaux des verbes, (voir : Conjugaison 40).

- Il s'emploie comme un **adjectif** et s'accorde en genre et en nombre avec le mot auquel il se rapporte :

*Ses études termin**ées**, il retournera dans sa ville natale.*
*Le ménage fin**i**, nous sommes allés nous promener.*

Il exprime un accompli.

- Il s'emploie **pour former les temps composés** de la conjugaison, (voir : Conjugaison, temps composé 40^1).
Pour l'accord du participe passé, voir : Accord 4^3.

105. Pas

« Pas » est la deuxième partie de la négation : « ne ... pas » :

*Il **n'**a **pas** froid.*

« Pas » peut s'employer avant un adverbe + un adjectif pour le nier :

*Il avait l'air **pas** trop sûr de lui.*

ou avant l'adverbe : « même »

*Je n'avais **pas** d'argent, **pas même** de quoi acheter un ticket de métro.*

(voir aussi : Négation 93).

106. Pas mal de

« Pas mal de » est une expression familière et signifie : « une grande quantité de » (voir : Déterminant indéfini 53^3).

Passé antérieur (voir : Temps littéraire 141)

Passé composé (voir : Emploi 13^1, Temps composé 40^1)

Passé immédiat (voir : Aspect 13^3)

Passé simple (voir : Temps littéraire 141)
Passé de l'infinitif (voir : Infinitif 73)
Passé du participe (voir : Participe 104)
Passé du conditionnel (voir : Conditionnel 40[1])
Passé du subjonctif (voir : Subjonctif 40[1])

107. Passive (voix)

Le passif n'est pas très utilisé en français. On l'utilise pour mettre en valeur des mots :

Le piéton a été heurté par une voiture.

On insiste plus sur le responsable de l'accident dans la phrase passive que dans la phrase active.

CONJUGAISON PASSIVE

On ajoute l'auxiliaire « être » à la conjugaison active :

présent			imparfait		
je	suis		j'	étais	
tu	es	aimé(e)	tu	étais	aimé(e)
il,elle,on	est		il,elle,on	était	
nous	sommes		nous	étions	
vous	êtes	aimé(es)	vous	étiez	aimé(es)
ils,elles,	sont		ils,elles	étaient	

futur		
je	serai	
tu	seras	aimé(e)
il,elle,on	sera	
nous	serons	
vous	serez	aimé(es)
ils,elles	seront	

Pour les temps composés, on a :
- passé composé actif : *j'ai aimé.*
passé composé passif, on ajoute « été » :
   j'ai été aimé, tu as été aimé, il a été aimé...
- plus-que-parfait actif : *j'avais aimé.*
plus-que-parfait passif, on ajoute « été » :
   j'avais été aimé, tu avais été aimé, il avait été aimé...

126

- futur antérieur actif : *j'aurai aimé.*
futur antérieur passif, on ajoute « été » :
> *j'aurai été aimé, tu auras été aimé, il aura été aimé...*
(Voir aussi l'accord du participe passé : Accord 3.)

Pas un (voir : Déterminant indéfini 53³)

108. Pendant

« Pendant » indique la durée. Le temps est vu dans son déroulement.

> *Je le lirai **pendant** le repas.*
> *Nous nous sommes promenés **pendant** une heure.*

Personne (voir : Pronom indéfini 120)
Pesé (accord du participe passé) (voir : Couru 43)

109. Peu

> *Il y a **un peu de** vent.* ou :
> *Il y a **peu de** lait.*
(voir : Déterminant indéfini 53³)
> *Il y en a **peu***
(voir : Adverbe 7)

De peur de (voir : But 23)
De peur que (voir : But 23)
Phrase impérative (voir : Impératif 71)
Phrase interrogative (voir : Question 130)
Pire (voir : Adjectif 6⁴)
Place de l'adjectif (voir : Adjectif 6¹)
Place de l'adverbe (voir : Adverbe 7²)

Plupart (voir : La plupart 78)

Pluriel des adjectifs (voir : Adjectif 6^2)

Pluriel des noms (voir : Nom 95^1)

Pluriel des mots composés (voir : Mot composé 91)

Pluriel des noms propres (voir : Nom 95^1)

Pluriel des noms étrangers (voir : Nom 95^1)

110. Plus

*Il est **plus** grand que moi.*
« plus » avant un adjectif (voir : Adjectif 6^4).
*Il travaille **plus** qu'avant.*
« plus » après un verbe (voir : Adverbe 7^3).

111. Plus tôt et plutôt

« Plus tôt » est le comparatif de « tôt » (voir : Adverbe 7^3).
*Il rentre **plus** tôt **que** d'habitude.*
« tôt » est un adverbe de temps.
« Plutôt » est un adverbe de manière qui indique la préférence.
*Je prends le métro **plutôt que** l'autobus.*

112. Plusieurs

*J'ai vu **plusieurs** personnes.*
« plusieurs » avant un nom (voir : Déterminant indéfini 53^3).
*J'en ai entendu **plusieurs**.*
« plusieurs » sans nom (voir : Pronom indéfini 120).

Plus-que-parfait de l'indicatif
(voir : Conjugaison temps composé 40^1 et Aspect 13^1)

Plus-que-parfait du subjonctif (voir : Subjonctif 147[3] et Concordance des temps 36[2])

113. Point

« Point » est un adverbe de négation synonyme de « pas » mais d'un emploi rare aujourd'hui.

Au point de (voir : Opposition 101)
Au point que (voir : Conséquence 41[1])

114. Possessif

*C'est **mon** livre.*

« mon » est avant un nom (voir : Déterminant possessif 53[1]).

*C'est **le mien**.*

il n'y a pas de nom (voir : Pronom possessif 123).

115. Possession (comment exprimer la possession)

On peut exprimer la possession avec un déterminant ou un pronom possessif :

*C'était **mon** idée.*
*Voilà **le tien**.*

On peut l'exprimer avec différents verbes :
- « avoir » :
*Il **a** une belle maison.* ou *Ils **ont** deux enfants.*
- « être à » :
*Cette voiture **est à** lui.* ou *Le chien **est à** nos voisins.*
- Posséder :
*Il **possède** une mine de charbon.* ou *Leur famille **possédait** diverses propriétés dans la région.*
- Appartenir à :
*Ce bateau n'**appartient** pas **à** notre compagnie.* ou *Cette société **appartient à** l'État.*

Possibilité (expression de la possibilité) (voir : Conjonctive 39³)

116. Possible

« Le plus possible », « le moins possible » est invariable :

> *Son but était de faire **le plus** de bénéfices **possible**.*

« Possible » est variable :

> *Ils ont utilisé tous les moyens **possibles** pour le sauver.*

117. Pour

« Pour » est une préposition qui indique le but :

> *Il travaille beaucoup **pour** avoir son examen.*

(voir : But 23).

« Pour » indique aussi la destination :

> *Il est parti **pour** Bordeaux.*
> *C'est le bateau **pour** Londres.*

Pour que (voir : But 12³)
Pourquoi (voir : Question 130)
Pourtant (voir : Opposition 101²)
Pourvu que (voir : Condition 37⁴)

118. « Près de » et « prêt à »

« Près de » est une préposition de lieu qui signifie : « proche de », « non loin de » :

> *Il habite dans un petit village **près** d'Avignon.*

« Prêt » est un adjectif qui signifie : « préparé pour », « d'accord pour » :

> *Toutes les valises sont dans le coffre, nous sommes **prêts à** partir.*

Présent de l'indicatif (voir : Conjugaison 40 et Aspect 13¹)

Présent du subjonctif (voir : Conjugaison 40, Concordance des temps 36[2] et Subjonctif 137[1])

Présent du conditionnel (voir : Conditionnel 38[1] et Condition 37[6])

Prêt à (voir : « Près de »)

119. Pronom démonstratif

	MASCULIN	FÉMININ
singulier	celui	celle
pluriel	ceux	celles

Il se construit avec « -ci », « -là » ou une proposition relative :

> *Je veux **celui-ci**.*
> *Donnez-moi **celle qui** est à gauche.*
> *Je prends **celui qui** coûte 10 F.*

« Ceci » et « cela » s'utilisent pour des noms masculins et/ou féminins :

> *Je ne suis pas d'accord avec **ceci**.* = Cette chose.
> *Il n'attendait pas **cela**.*

« Ce » = la chose, le fait.

> *C'est **ce** que tu m'avais dit.*
> *J'ai acheté **ce** dont tu m'avais parlé.*

(voir : « Ce » 26).

120. Pronom indéfini

Les pronoms suivants s'emploient seulement au singulier : *autre chose, chacun, chacune, n'importe qui, n'importe quoi, nul, nulle, on, personne, quelqu'un, quelque chose, rien, un, une.*

Les pronoms suivants s'emploient au singulier ou au pluriel : *autre, certain, n'importe lequel, plusieurs, quelques-uns, tout, les uns.*

Ils ont le même sens que le déterminant indéfini correspondant.

121. Pronom interrogatif

	MASCULIN	FÉMININ
singulier pluriel	lequel lesquels	laquelle lesquelles

Lequel d'entre vous n'est pas venu hier ?
Laquelle avez-vous achetée ?
Que voulez-vous ?
Qui n'a pas compris ?
À *quoi* rêvez-vous ?

122. Pronom personnel

1. Pronom personnel sujet

	SINGULIER	PLURIEL
1re personne	je	nous
2e personne	tu	vous
3e personne	il,elle,on	ils,elles

Pour insister sur le sujet, on peut ajouter un deuxième pronom :

pronom d'insistance	SINGULIER	PLURIEL
1re personne	moi	nous,on (1)
2e personne	toi	vous
3e personne	lui,elle	eux,elles

Moi, je n'ai jamais dit ça.
Lui, il veut rester à la maison mais **nous**, nous voulons aller au théâtre.

(1) L'emploi de « on » pour dire « nous » est familier : « *Nous, on n'est pas d'accord* ».

2. Pronom personnel complément d'objet direct

Il remplace un nom déterminé.

PHRASES AFFIRMATIVES INTERROGATIVES IMPÉRATIVES NÉGAT.	PHRASES IMPÉRATIVES AFFIRMATIVES
le pronom est **avant** le verbe	le pronom est **après** le verbe
1re pers.sing. : me 2e pers.sing. : te 3e pers.sing. : le, la 1re pers.plur. : nous 2e pers.plur. : vous 3e pers.plur. : les	1re pers.sing. : moi 2e pers.sing. : toi 3e pers.sing. : le, la 1re pers.plur. : nous 2e pers.plur. : vous 3e pers.plur. : les

Exemples :
Phrase affirmative : *Pierre le fera.* (faire quelque chose).
Phrase interrogative : *Quand te recevra-t-il ?* (recevoir quelqu'un).
Phrase impérative négative : *Ne les écoute pas !* (écouter quelqu'un).
Phrase impérative affirmative : *Sers-toi tout de suite !* (servir quelqu'un).

3. Pronom personnel complément d'objet indirect

Il peut être introduit par :
- la préposition « à » : le pronom remplace un nom qui désigne une personne déterminée ou non.

   Il pense à un ami. → *Il pense à lui.*
   Il pense à son ami. → *Il pense à lui.*

- la préposition « de » : le pronom remplace un nom qui désigne une personne déterminée :

   Il se souvient d'un étudiant. → *Il s'en souvient d'un.*
   Il se souvient de cet étudiant. → *Il se souvient de lui.*

Certains noms désignant des choses sont traités comme des personnes (il s'agit de groupes de personnes).

   Il n'a pas écrit à sa compagnie.
→ *Il ne lui a pas écrit.*
   Ce terrain appartient à la Ville de Paris.
→ *Ce terrain lui appartient.*

Il y a deux séries de pronoms

SÉRIE I (LA PLUS FRÉQUENTE)

Elle s'emploie quand le verbe peut avoir 2 compléments : un complément d'objet direct et un complément d'objet indirect (excepté si le complément d'objet direct est le pronom de la première ou de la deuxième personne), et avec les verbes : *appartenir, déplaire, désobéir, manquer, mentir, nuire, obéir, paraître, plaire, ressembler, sembler, sourire, succéder, suffire...*

PHRASES { AFFIRMATIVES INTERROGATIVES IMPÉRATIVES NÉGAT.	PHRASES IMPÉRATIVES POSITIVES
le pronom est **avant** le verbe	le pronom est **après** le verbe
1re pers.sing. me 2e pers.sing. te	moi toi
3e pers.sing. lui 1re pers.plur. nous 2e pers.plur. vous 3e pers.plur. leur	

> *Il **m'**a donné de bonnes informations.*
> *Donne-**moi** ton manteau !*
> *Il **leur** téléphonera la réponse.*
> *Cède-**leur** ces places !*

SÉRIE 2

Elle s'emploie avec les verbes pronominaux et avec certains autres verbes : *avoir besoin de, faire attention à, avoir envie de, avoir peur de, croire en ou à, penser à, profiter de, recourir à, renoncer à, rêver, rire de, songer, tenir...*
Ces pronoms s'emploient pour toutes les phrases.
Le pronom est toujours après le verbe et la préposition.

PERSONNE	PRONOM
1re pers.sing.	moi
2e pers.sing.	toi
3e pers.sing.	lui, elle
1re pers.plur.	nous
2e pers.plur.	vous
3e pers.plur.	eux, elles

> *Il s'occupe **de nous**.*
> *Est-ce que vous avez besoin **de moi** ?*
> *Ne faites pas attention **à elle** !*
> *Comptez **sur eux** !*

4. Place des pronoms (lorsqu'il y a 2 pronoms)

AVEC 2 PRONOMS PERSONNELS

a) Phrases affirmatives, interrogatives, impératives négatives

- Le complément d'objet indirect est le pronom de la **première** ou de la **deuxième personne**, l'ordre des mots est :

> SUJET + PRONOM C.d'O. INDIRECT + PRON. C.d'O. DIRECT + VERBE

*Je te **le** prête.*
*Nous **le** confirmez-vous ?*
*Ne **me** le donne pas !*

- Le complément d'objet indirect est le *pronom de la 3ᵉ personne*, l'ordre des mots est :

> SUJET + PRONOM C.d'O. DIRECT + PRON. C.d'O. INDIRECT + VERBE

*Il la **lui** donne.*
*Est-ce que nous le **leur** apportons maintenant ?*
*Ne le **lui** répétez pas !*

b) Phrases impératives affirmatives

L'ordre des mots est :

> VERBE + PRONOM C.d'O. DIRECT + PRONOM C.d'O. INDIRECT

*Donne-**le moi** !*
*Prêtez-**les lui** !*

AVEC 1 PRONOM PERSONNEL + « EN »

L'ordre des mots est :

> PRONOM PERSONNEL + en

*Il **m'en** donnera.*
***Lui en** donnera-t-il ?*
*Ne **leur en** voulez pas !*
*Prêtez-**nous en** !*

AVEC 1 PRONOM PERSONNEL + « Y »

L'ordre des mots est :

> PRONOM PERSONNEL + y

*Il **nous y** a emmenés.*
*Est-ce que vous **les y** conduirez ?*
*Ne **les y** menez pas !*
*Obligez-**les y** !*

5. Résumé de l'emploi des pronoms personnels, « en », « y »

EN	Y
Remplace un nom précédé 1. d'un article indéfini ou partitif. C'est une chose ou une personne indéterminée : *Je vois un livre.* → *J'en vois un.* *Je vois un homme.* → *J'en vois un.* 2. de la préposition « de » Si c'est une personne, elle est indéterminée : *Je me souviens d'un enfant.* → *Je m'en souviens d'un.* Si c'est une chose, elle est déterminée ou non : *Je me souviens d'un film.* → *Je m'en souviens d'un.* *Je me souviens de ce film.* → *Je m'en souviens.*	Remplace un nom précédé de la préposition « à ». C'est une chose déterminée ou non : *Je pense à une histoire.* → *J'y pense.* *Je pense à cette histoire.* → *J'y pense.*
PRONOM COMPLÉMENT D'OBJET DIRECT	**PRONOM COMPLÉMENT D'OBJET INDIRECT**
Remplace un nom de chose ou de personne déterminé. *J'écoute ce pianiste.* → *Je l'écoute.* *J'écoute le disque.* → *Je l'écoute.*	1. Préposition « à » : c'est une personne déterminée ou non : *Je pense à un enfant.* → *Je pense à lui.* *Je pense à cet enfant.* → *Je pense à lui.* 2. Préposition « de » : c'est une personne déterminée : *Je me souviens de mon grand-père.* → *Je me souviens de lui.*

123. Pronom possessif

Personne \ Chose	Masculin		Féminin	
	singulier	pluriel	singulier	pluriel
1re pers.sing.	le mien	les miens	la mienne	les miennes
2e pers.sing.	le tien	les tiens	la tienne	les tiennes
3e pers.sing.	le sien	les siens	la sienne	les siennes
1re pers.plur.	le nôtre	les nôtres	la nôtre	les nôtres
2e pers.plur.	le vôtre	les vôtres	la vôtre	les vôtres
3e pers.plur.	le leur	les leurs	la leur	les leurs

*Ce sont mes gants ou bien **les vôtres** ?*
*Nos enfants sont beaucoup plus jeunes que **les leurs**.*
*Votre accent est bien meilleur que **le mien**.*

124. Pronom relatif

Pronom relatif sujet **qui**.
Pronom relatif complément d'objet direct **que**.
Pronom relatif complément de nom ou introduit par la préposition « de » : **dont**.
Pronom relatif complément d'objet indirect **à qui, auquel, auxquels, à laquelle, auxquelles.**
Pronom relatif relié au verbe par une autre préposition que « à » ou « de » : **préposition** + **lequel, laquelle, lesquels, lesquelles.**
Pronom relatif relié au verbe par une locution prépositionnelle : **duquel, desquels, de laquelle, desquelles.**
Pronom relatif complément de lieu : **où**.
Voir : Relative 132.

125. Pronominale (voix)

CONJUGAISON

	présent		imparfait		futur	
je	me	lave	me	lavais	me	laverai
tu	te	laves	te	lavais	te	laveras
il,elle,on	se	lave	se	lavait	se	lavera
nous	nous	lavons	nous	lavions	nous	laverons
vous	vous	lavez	vous	laviez	vous	laverez
ils,elles	se	lavent	se	lavaient	se	laveront

Pour les temps composés, voir : Temps composé 40[1] ; pour l'accord du participe passé, voir : Accord 4[3].

La voix pronominale peut s'employer avec un sens passif :

> *Ces voitures **se sont** bien **vendues.***

On emploie la voix pronominale lorsque le sujet n'est pas animé et lorsque l'agent est difficile à définir :

> *Ces idées **se sont** facilement **répandues**.*
> on ne sait pas par qui précisément.
> *Ce tableau s'est rapidement détérioré.*
> les causes de la détérioration sont multiples.

Puisque (voir : Condition 25[3])

126. Quand

Et « lorsque » indiquent à quel moment a lieu l'action.

> *Il ne pleuvait pas **quand** je suis parti.*
> *On ne peut pas sortir **lorsque** le vent souffle si fort.*

Quand même (voir : Opposition 101[2])

127. Quantité (expression de la quantité)

La quantité peut être exprimée de façon précise :

> *J'ai acheté **quatre** mètres de tissu.*

« Quatre » est un chiffre (voir : Déterminant numéral 53[4]).

La quantité peut être imprécise :

> *Il y a **beaucoup de** monde dans la rue.*
> *J'ai acheté **quelques** fruits.*

« Beaucoup de », « quelques » sont des déterminants indéfinis 53[3] (voir ces paragraphes).

128. Que

« Que » peut être un pronom relatif :

> *Le livre **que** je viens de finir était passionnant.*

avant « que » il y a un nom (voir : Pronoms relatifs 124).

« Que » peut être une conjonction de subordination :

*Je pense **que** tu pourrais le lui demander.*

avant « que » il y a un verbe (voir : Conjonctives 39).

129. Quelconque

« Quelconque » est un adjectif, il signifie : n'importe lequel, qu'on n'a pas besoin de préciser, sans importance :

*C'est un personnage tout à fait **quelconque**.*

Quelque (voir : Déterminant indéfini 53³)

130. Question

L'ordre des mots est celui de la phrase énonciative :

Quand on parle en style familier, on peut poser une question en montant la voix à la fin d'une phrase énonciative.

Il ne vient pas avec nous ?

On peut aussi commencer la phrase par « est-ce que » :

***Est-ce que** tu as vu ce film ?*

On peut commencer la phrase par un adverbe interrogatif et le combiner avec « est-ce que » :

***Quand est-ce que** tu pars ?*

On peut commencer la phrase par un déterminant ou un pronom interrogatif.

***Quel livre est-ce que** tu as acheté ?*
***Par laquelle est-ce qu'**il passe ?*

L'ordre des mots change

A l'oral et toujours à l'écrit, on pose une question en faisant l'inversion du sujet :

***Venez-vous** demain ?*

Lorsque le verbe finit par une voyelle et que le pronom sujet est « il » ou « elle », on ajoute un « t » entre les deux :

Parle-t-il bien ?
Ira-t-elle avec nous ?

Si la question est négative, on commence par « ne » :

Ne vient-il pas avec vous ?

Avec des adverbes interrogatifs, on écrit :

Où achetez-vous vos vêtements ?
Pourquoi ne téléphonez-vous **pas** ?

Notez que la négation « ne » est après l'adverbe et avant le verbe.

Avec des déterminants ou des pronoms interrogatifs, on écrit :

Quelle voiture **avez-vous** achetée ?
Que lui **avez-vous** promis ?
Que n'**avez-vous** pas compris ?

Notez que la négation « ne » est après le pronom et avant le verbe.

Qui (voir : Pronom relatif 124)

131. Quoi

« Quoi » peut être un pronom relatif :

Il a enfin donné son accord, ce à **quoi** je ne m'attendais plus.

« quoi » commence la proposition relative (voir : Relative 132 et Ce 26).

« Quoi » peut être un pronom interrogatif :

A **quoi** pensez-vous ?

« quoi » commence une question (voir : Pronom interrogatif 121).

Quoique (voir : Opposition 101³)

132. Relative

(voir aussi : Pronom relatif 124).

1. Relative sujet : « qui »

*L'homme **qui** habite ici est en vacances en ce moment.*
*Le livre **qui** est sur la table n'est pas intéressant du tout.*

L'antécédent du pronom relatif est sujet du verbe subordonné :

*Un **homme** habite ici et il est en vacances.*
*Un **livre** est sur la table et il n'est pas intéressant.*

2. Relative complément d'objet direct : « que »

*Tu ne connais pas les amis **que** j'ai invités.*
*Je n'ai pas aimé le film **qu'**on a vu.*

L'antécédent du pronom relatif est complément d'objet direct du verbe subordonné :

*J'ai invité **des amis**, tu ne les connais pas.*
*On a vu **un film**, je ne l'ai pas aimé.*

Attention à l'accord du participe passé (ex. : « invités »)
(voir : Accord 4[3]).

3. Relative complément de nom : « dont »

*Mon amie **dont** le fils est en Australie vient dîner demain.*
*J'aime beaucoup ce journal **dont** les caractères sont pourtant si difficiles à lire.*

L'antécédent du pronom relatif est complément de nom :

*Le fils **de mon amie** est en Australie.*
*Les caractères **de ce journal** sont très difficiles à lire.*

autre cas :

*La personne **dont** je me souviens avait des cheveux roux et courts.*
*Il a perdu l'outil **dont** il s'est servi hier.*

L'antécédent du pronom relatif est relié au verbe subordonné par la préposition « de » :

*Je me souviens **d'**une personne...*
*Il s'est servi **d'**un outil...*

c'est pourquoi on le remplace par le pronom « dont ».
Attention à l'ordre des mots :

> ANTÉCÉDENT + PRONOM RELATIF + SUJET + VERBE

4. Relative complément de lieu : « où »

*La maison **où** j'habite se trouve dans la deuxième rue à droite.*

5. Relative indiquant le temps : « où »

*Le jour **où** je suis arrivé, il pleuvait.*

Pour ne pas répéter l'idée de temps, on utilise le pronom relatif de lieu : « où ».

6. Relative complément d'objet indirect : « à qui », « auquel », « auxquels », « à laquelle », « auxquelles »

*La chose **à laquelle** je pense est très facile à faire.*
*Le garçon **à qui** j'ai parlé était dans la même classe que moi.*

L'antécédent du pronom relatif est complément d'objet indirect du verbe subordonné :

*Je pense **à une chose**.*
*J'ai parlé **à un garçon**.*

Lorsque l'antécédent est un être humain, on peut remplacer « auquel », « à laquelle » par « à qui » :

*L'enfant **à qui** j'ai donné un bonbon est le fils de nos voisins.*
*La personne **à qui** j'ai parlé n'était pas au courant.*

7. Relative reliée au verbe par d'autres prépositions que « à » ou « de » :

*L'ami **avec qui** il est parti en vacances, viendra demain.*
*Le service **pour lequel** tu travailles sera modifié.*

L'antécédent du pronom relatif est relié au verbe par la préposition « avec » :

*Il est parti **avec** un ami.*

ou « pour » :

*Tu travailles **pour** un service.*

ou d'autres prépositions, c'est pourquoi le pronom relatif est formé de cette préposition + « lequel », « laquelle », etc.

Mais si on veut mettre en valeur l'antécédent, on commence la phrase par « c'est » + la préposition, et on utilise toujours « que » :

***C'est à** ce film **que** je pense.*
***C'est pour** cette société **qu'**il travaille.*
***C'est dans** cette salle **qu'**il s'entraîne.*
***C'est en** cet homme **que** j'ai confiance.*

8. Relative reliée au verbe par une locution prépositionnelle : « duquel », « de laquelle », etc.

> *C'est la fête à l'occasion **de laquelle** nous les avons rencontrés.*
> *Voici le nom de l'organisme au bénéfice **duquel** vous ferez le chèque.*

L'antécédent du pronom relatif est relié au verbe par la locution prépositionnelle : « à l'occasion de » :

> *Nous les avons rencontrés **à l'occasion de** cette fête.*

« au bénéfice de » :

> *Vous ferez le chèque **au bénéfice de** cet organisme.*

ou d'autres locutions prépositionnelles, c'est pourquoi le pronom relatif est formé de cette locution + « duquel », « de laquelle », etc...

Rien (voir : Pronom indéfini 120)

Sauf (voir : Exception 62)

Selon que (voir : Condition 37³)

Sentiment (expression des sentiments) (voir : Conjonctive 39³)

Seulement (voir : Opposition 101²)

Ses (voir : Déterminant possessif 53¹)

133. Si

« Si » peut être un adverbe qui exprime l'opinion de quelqu'un :

> *Tu ne viens pas avec nous ? **Si**.*

« Si » = oui en réponse à une question négative.

« Si » peut être une conjonction de subordination »

> ***Si** vous veniez en vacances avec nous, nous serions très contents.*

« Si » commence une proposition (voir : Condition 37³).

Si bien que (voir : Conséquence 41¹)

Si ... que (voir : Conséquence 41[1])

Sien (le), sienne (la), siens (les)
(voir : Pronom possessif 123)

134. Soi

« Soi » est le pronom personnel complément d'objet indirect que l'on emploie lorsque la personne est indéfinie :

*Tout le monde pense d'abord à **soi**.*
*On en arrive à l'oubli de **soi**.*

135. Soit

« Soit » dans un énoncé mathématique signifie : « admettons l'existence de... », « posons l'existence de... »

***Soit** un triangle rectangle...*

Il signifie aussi « ou bien ».

*Je vais la prévenir **soit** par lettre, **soit** par téléphone.*
= ou par lettre ou par téléphone.

Il signifie « d'accord ».

*J'ai eu tort **soit**, mais je ne suis pas le seul.* = J'admets que j'ai eu tort, mais je ne suis pas le seul.

Son (voir : Déterminant possessif 53[1])

136. Style indirect

Quand on dit une phrase et quand on rapporte cette phrase, il y a des changements :
Style direct :

Je laisse ma voiture ici car je prends le train.

Style indirect :

Il a dit qu'il laissait sa voiture là car il prenait le train.

On a changé les pronoms, les adjectifs possessifs et les temps des verbes.

	STYLE DIRECT	STYLE INDIRECT
PRONOMS	je nous ma, mon, mes notre, nos ceci	il ou elle ils ou elles sa, son, ses leur, leurs cela
ADVERBES	ici jusqu'ici aujourd'hui hier avant-hier demain après-demain maintenant	là jusque-là ce jour là la veille l'avant-veille le lendemain le surlendemain tout de suite
MOTS EXCLAMATIFS	comme, quel (s'il y a un adjectif)	combien
MOTS INTERROGATIFS	est-ce que (ou) inversion du sujet que	si ce que
1er verbe au présent	2e verbe	2e verbe
Il dit :	*« Je le fais tout de suite. »* *« Apporte-le. »*	*qu'il le fait.* *de l'apporter.* (ou) *qu'on l'apporte.*
1er verbe au passé	2e verbe	2e verbe
Il a dit : ou Il disait : ou Il dit :	● au présent *« C'est intéressant. »* ● à l'imparfait *« Je n'étais pas d'accord. »* ● au passé simple *« Nous partîmes tôt. »* ● au passé composé *« Nous n'avons pas pu téléphoner. »* ● au plus-que-parfait *« Nous n'avions pas parlé de cela. »*	● à l'imparfait *que c'était intéressant.* *qu'il n'était pas d'accord.* ● au passé simple *qu'ils partirent tôt.* ● au plus-que-parfait *qu'ils n'avaient pas pu téléphoner.* *qu'ils n'avaient pas parlé de cela.*

● au futur « *J'aurai la réponse demain.* »	● au présent du conditionnel *qu'il aurait la réponse le lendemain.*
● au futur antérieur « *J'aurai fini avant votre retour.* »	● au passé 1re forme du conditionnel *qu'il aurait fini avant leur retour.*

137. Subjonctif

Le subjonctif a quatre temps : le présent, l'imparfait, le passé et le plus-que-parfait.

1. Pour le présent, voir : Conjugaison 40.

2. Pour l'imparfait, voir : Temps littéraire 141.

3. Le passé et le plus-que-parfait sont des temps composés.

Ils se conjuguent en mettant l'auxiliaire respectivement au présent et à l'imparfait du subjonctif, et en ajoutant le participe passé.

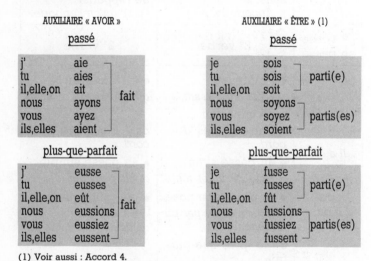

AUXILIAIRE « AVOIR »

passé

j'	aie	
tu	aies	
il,elle,on	ait	fait
nous	ayons	
vous	ayez	
ils,elles	aient	

plus-que-parfait

j'	eusse	
tu	eusses	
il,elle,on	eût	fait
nous	eussions	
vous	eussiez	
ils,elles	eussent	

AUXILIAIRE « ÊTRE » (1)

passé

je	sois	
tu	sois	parti(e)
il,elle,on	soit	
nous	soyons	
vous	soyez	partis(es)
ils,elles	soient	

plus-que-parfait

je	fusse	
tu	fusses	parti(e)
il,elle,on	fût	
nous	fussions	
vous	fussiez	partis(es)
ils,elles	fussent	

(1) Voir aussi : Accord 4.

Pour l'emploi du subjonctif, voir : Conjonctive 39, But 23, Condition 37, Conséquence 41, Opposition 101, Temps 140. Voir aussi : Concordance des temps 36.

Suivant que (voir : Condition 37[3])

Ta (voir : Déterminant possessif 53[1])

138. Tant

*Il y a **tant** de monde !*
Après « tant » il y a un nom (voir : Déterminant indéfini 53[3]).

*Il en a **tant** !*
Il n'y a rien après « tant », c'est un adverbe qui signifie : tellement.

139. Te

*Il **te** l'a déjà dit.*
(voir : Pronom personnel complément 132[2])

*Tu **te** laves ?*
(voir : Pronominal (verbe))

Telle (de telle manière que, de telle sorte que)
(voir : Pronom indéfini 120)

Tellement (voir : Conséquence 41[1])

140. Temps (expression du temps)

1. Le temps peut être indiqué par **une préposition + nom.**
Voir A 11, Avant 18, Après 10, Dans 45, Depuis 50, Dès 51, En 57, Jusqu'à 75, Jusqu'en 75, Pendant 108.

● POUR INDIQUER UNE DURÉE

- une durée terminée qui a eu lieu dans le passé

*J'ai habité Paris **pendant** trois ans et demi.*
On utilisera toujours le passé composé.

- une durée qui a son origine dans le passé et qui continue aujourd'hui

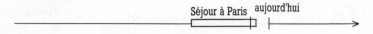

 *J'habite Paris **depuis** trois ans et demi.*
On peut dire aussi :
 ***Il y a** trois ans et demi **que** j'habite Paris.*
ou plus familièrement :
 ***Ça fait** trois ans et demi **que** j'habite Paris.*

- une durée dont l'origine est maintenant et qui continue dans le futur

 *Je suis à Paris **pour** huit jours.*
On ne peut utiliser que le verbe « être » avec la préposition « pour » et le présent.
On peut dire aussi :
 Je reste huit jours à Paris.

- une durée dont l'origine est dans le futur

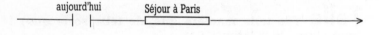

 *Je resterai à Paris **pendant** huit jours.*
 Je resterai huit jours à Paris.

● **POUR INDIQUER UN ÉCART**

- entre le passé et le présent

 *J'habitais¹ Paris **il y a** trois ans.*

- entre le présent et le futur

8 jours

 *Je serai à Paris **dans** huit jours.*

2. Il peut être aussi indiqué par une **proposition circonstancielle :** une conjonction de subordination + verbe conjugué. (proposition circonstancielle de temps) :

a) Une action est **avant** l'autre, les conjonctions de subordination sont : « avant que », « jusqu'à ce que » + subjonctif.

b) Les deux actions sont **en même temps**, les conjonctions de subordination sont : « pendant que », « tandis que », « en même temps que », « tant que » + indicatif.

c) Une action est **après** l'autre, les conjonctions de subordination sont : « après que » + indicatif ou subjonctif : « dès que », « aussitôt que », « depuis que » + indicatif.

ANTÉRIORITÉ + SUBJONCTIF

Pour le choix des temps du subjonctif, voir la concordance des temps 36.

Avant que

*Il est arrivé **avant que** je n'aie eu le temps de terminer.*
*Nous devons partir **avant qu'**ils ne donnent les résultats.*

(voir aussi : Ne 92).

Jusqu'à ce que

« Jusqu'à ce que » indique le point final d'une action.

*Nous resterons **jusqu'à ce que** vous reveniez.*
*Il doit rester à l'hôpital **jusqu'à ce qu'**il soit complètement guéri.*

SIMULTANÉITÉ + INDICATIF

Pour le choix des temps de l'indicatif, voir les aspects 13.

Pendant que, en même temps que, tandis que
Les deux actions ou les deux états durent :

*Il lisait **pendant qu'**il prenait son petit déjeuner.*
*Nous avons acheté cette nouvelle salle à manger **en même temps que** nous avons emménagé ici.*

Tant que

« Tant que » signifie : « aussi longtemps que » :

*Ils resteront ici **tant qu'**on n'aura pas donné satisfaction à leurs demandes.*
***Tant que** j'aurai du travail, je ne me plaindrai pas.*

ou qu'une action répétée est simultanée à un état :

*Allons le plus souvent à la mer **tant qu'**il y a du soleil.*

POSTÉRIORITÉ

Après que + indicatif ou subjonctif

*Il arrive **après que** le plus dur a été fait.*
***Après qu'**il ait éteint la télévision, nous sommes allés nous coucher.*

Dès que, une fois que, aussitôt que + indicatif
Ces conjonctions insistent sur la proximité des 2 actions.

> *Nous avons éclaté de rire **dès qu'**il est parti.*
> *Nous ferons le gâteau **une fois que** nous aurons goûté.*
> *Ils ont commencé à travailler **aussitôt qu'**il l'a dit.*

Si on veut insister sur la simultanéité des actions, on emploie le même temps dans la principale et la subordonnée ; mais si on veut marquer la légère postériorité, celle qui est antérieure sera à un temps plus passé que l'autre :

> ***Dès qu'**il avait fini un livre, il en commençait un autre.*
> ***Dès qu'**il aura appelé, vous me préviendrez.*

Depuis que
« Depuis que » donne le point de départ d'une action ou d'un état :

> *Nous sommes tristes **depuis qu'**il est parti.*
> *La situation n'a pas beaucoup changé **depuis qu'**on a adopté cette réforme.*

141. Temps littéraire

On les appelle ainsi car ils ne s'emploient que rarement dans la conversation courante. On les utilise en littérature.

L'utilisation de l'imparfait du subjonctif est demandée par les règles de la concordance des temps (voir ce paragraphe : 36).

> *Il **aurait fallu** qu'**il vît** ce spectacle.*

Le passé simple et le passé antérieur s'emploient dans un récit c'est-à-dire lorsqu'un narrateur, qui n'est pas une personne définie, raconte une histoire sans s'adresser à une personne définie.
Dans un récit, ce que l'auteur veut mettre en valeur est au passé simple, le reste à l'imparfait.

> *Nous **allâmes** le chercher à la gare.*

Le choix de mettre tel verbe à l'imparfait ou au passé simple dépend de l'écrivain, il n'y a pas de verbe que l'on doive employer à l'imparfait plutôt qu'au passé simple.

Lorsqu'une action est antérieure à une action elle-même au passé simple, elle se met au passé antérieur :

> *Après que nous **eûmes mangé**, nous **reprîmes** notre route.*

Temps des verbes (voir : Conjugaison 40, Conditionnel 38, Subjonctif 137, Temps littéraire 40[1])

Emploi des temps (voir : Aspects 13, Concordance des temps 36.)

Tes (voir : Déterminant possessif 53[1])

Tien (le tien) (voir : Pronom possessif 123)

142. Toi

*Que dis-tu, **toi** ?*

(voir : Pronom personnel d'insistance 122).

*Regarde-**toi** !*

(voir : Pronom personnel complément 122).

Ton (voir : Déterminant possessif 53[1])

143. Tout, toute, tout le, toute la, tous, tous les, toutes les

« Tout » peut être un **déterminant indéfini** (il est avant un nom) :

> ***Tout** passager doit pouvoir montrer son billet au contrôleur.*
> *Il est resté **tout** l'après-midi.*

(voir : Déterminant indéfini 53[3])

« Tout » peut être un **pronom indéfini** (il n'y a pas de nom après) :

> *J'ai **tout** mangé.*
> *Ils sont **tous** venus.*

Noter qu'au pluriel on prononce le « s » du pronom (voir : Pronom indéfini 53[3]).

« Tout » peut être un **adverbe** :

> *Il a les cheveux **tout** blancs.*
> *Il a l'air **tout** drôle.*

Noter que cet adverbe **s'accorde** quand l'adjectif qu'il qualifie est au féminin et commence par une consonne ou un h aspiré.

> *Il a les joues **toutes** rouges.*
> ***Elle** est **toute** pâle.*
> ***Elle** est **toute** honteuse.*

Si l'adjectif féminin commence par une voyelle ou un h muet, on peut ou non faire l'accord.

Tout de même (voir : Opposition 101^2)

Trop (voir : Adverbe 7^2)

Trop de (voir : Déterminant indéfini 53^3)

Un (voir : Article indéfini 12^3 et Déterminant numéral 53^4)

Un certain (voir : Déterminant indéfini 53^3)

Un et l'autre (voir : L'un et l'autre 82)

Un ou l'autre (voir : L'un ou l'autre 82)

Valu (voir : Couru 43)

Vécu (voir : Couru 43)

144. Vers

« Vers » est une préposition qui indique la direction :
> *Il marche **vers** le stade.*
> *Son regard s'est tourné **vers** moi.*

Vieux

Féminin : vieille.

Vieil (voir : Beau 20)

Vingt (voir : Déterminant numéral 53^4)

145. Voici, voilà

« Voici » et « voilà » sont des présentatifs. Ils peuvent être suivis par un nom ou un pronom (mais pas un pronom personnel) :
> *Voici votre remplaçant.*
> *Voilà quelqu'un.*

Ils peuvent être suivis par une proposition relative sans antécédent :
> *Voilà qui est fait.*

ou par une conjonctive :

Voici que tout le monde parle en même temps.

Volonté (expression de la volonté) (voir : Conjonctive 39³)

Votre (voir : Déterminant possessif 53¹)

Vôtre (le vôtre) (voir : Pronom possessif 123)

146. Vous

« Vous » peut être un pronom personnel sujet (122¹).

Que dites-vous ?

« Vous » peut être un pronom personnel complément (122²).

Il vous l'a donné.

147. Y

« Y » est un pronom.
Il remplace un nom de lieu, introduit par les prépositions : « à », « sur » ou « sous » :

Il habite à Paris → Il y habite.
J'ai mis les légumes sur la table. → J'y ai mis les légumes.

Il remplace un nom de chose introduit par la préposition « à » :

Il pense à son avenir. → Il y pense.
Il n'est pas habitué à ce travail. → Il n'y est pas habitué.

Dans une phrase énonciative, « y » se place avant le verbe dont il est complément :

Il réfléchit à cette proposition.

« à cette proposition » est complément de « réfléchit », « y » se met avant « réfléchit » :

Il y réfléchit.
Il espère parvenir au sommet.

« au sommet » est complément de « parvenir », « y » se met avant « parvenir » :

Il espère y parvenir.

Même chose avec une phrase interrogative :

Est-il arrivé à Bordeaux ? → Y est-il arrivé ?

Dans une phrase impérative, « y » se place après le verbe :

Pense à ce conseil ! → Penses-y !

Voir aussi : Pronoms personnels (122⁵).

INDEX

a 1[1]
à *1*[2] 122[3] 140[1]
abréviation D 2 et p. 00
à cause de 25
accent D 3
accompli D 13[1]
accord D 4
à ce que 5
à condition de 37[1b]
à condition que 37[2]
acquérir 40[3]
active (voix) D
addition (nombre formé par) 53[4]
adjectif qualificatif D 6
    accord 4[2]
    accord avec le nom 4[2]
    avant le nom au pluriel 12[5]
    degré 6[4]
    démonstratif 53[2]
    exclamatif 53[7]
    féminin 6[3]
    indéfini 53[3]
    interrogatif 53[6]
    numéral 53[4]
    ordinal 53[5]
    place 6[1]
    pluriel 6[2]
    possessif 53[1]
adverbe D 7
affirmative D
afin de 23
afin que 23
agent D 8
à la 12[2]
à la condition de 37[1b]
à la condition que 37[2c]
à laquelle 124 132[4]
aller 9 40[7]
à l'occasion de 132[6]
alors que 101[3]
alphabet D
à moins de 37[1b]
à moins que 37[2b]
animé (nom) D
antécédent D
antériorité D
apostrophe D
appeler 40[3]
apposition D

après *10*
après que 140[2]
à qui 11 124 132[4]
article D 12
    défini 12[1]
    défini contracté 12[2]
    indéfini 12[3]
    partitif 12[4]
articulation D
aspect D 13
assaillir 40[2]
asseoir (s') 40[4]
assez 14
assez de *14* 53[3]
attribut D
au 12[2]
au cas où 37[2d]
aucun, aucune *15* 53[3] 120
au lieu de 101[1] 101[2]
au point que 41[1]
auquel *16* 121 124 130 132[4]
aussi 6[4] 7[3]
aussitôt que 140[2]
autant 7[3]
autre *17* 53[3] 120
autre chose 120
aux 12[2]
auxiliaire D
    (choix) 40[1]
avant *18*
avant de *18*
avant que 140[2]
avoir 19 40[6]

battre 40[3]
beau 20
beaucoup 7[3] *21*
beaucoup de *21* 53[3]
bel 20
bien 7[3]
bien que 101[3]
bien tôt 22
bientôt 22
boire 40[5]
bon nombre de 96
bouillir 40[3]
but (expression du) D 23

ça 24 119

(1) La lettre D renvoie à la partie Définition.
Les numéros en italique renvoient à l'article consacré à ce point particulier.

ça fait... que 140[1]
cardinal (adjectif) D 53[4]
cause D 25
à cause de 25
ce **26** 53[2] 119
ceci 119
céder 40[3]
cédille 27 40[2]
ce dont 26 132
cela 119
celle, celles 119
celui 119
ce n'est pas la peine que 39[3]
ce n'est pas que 28
cent 53[4]
ce que 26
ce qui 26
certain, certaine **29** 53[3] 120
ces **30** 53[2]
c'est **30** 132[5]
c'est ... dont 30
c'est qui, c'est que **30** 132[5]
cet, cette 53[2]
ceux 119
chacune, chacune 120
chaque 53[3]
chez 31
chose 32
circonstancielle D
clore 40[3]
collectif (nom) D
combien **33** 130 136
comme 25[1] 35[2]
comment **34** 130
comparaison D 35
comparatif D
    de l'adjectif 6[4]
    de l'adverbe 7[3]
complément D
    d'agent 8
    de nom 12[3]
conclure 40[2]
concordance des temps D 36
condition D 37
à condition de 37[1]
à condition que 37[2]
conditionnel D 38
    passé 38 40[1]
    présent 38 40 et suivants
confire 40[3]
conjonction D
conjonctive (proposition) D 39
conjugaison D 40
connaissance (verbes de) 39[3]
connaître 40[4]
conséquence D 41

consonne D
contre 101[1]
coudre 40[4]
couleur (adjectif de) 6[2]
coupure en syllabe 42
courir 40[2]
couru (accord) 43
coûté (accord) 43
craindre 40[4]
croire 40[3]
croître 40[4]
cueillir 40[2]
cru 44
crû 44
cuire 40[3]

dans **45** 140[1]
dans la mesure où 37[2a]
dans le cas de 37[1a]
dans le cas où 37[2d]
dans l'éventualité de 37[1a]
dans l'éventualité où 37[2d]
dans l'hypothèse de 37[1a]
dans l'hypothèse où 37[2d]
date 53[5]
davantage 46
de 12[3] 12[5] 47
début progressif 13[4]
de ce que 48
déclaration (verbe de) 39
de crainte de 23
de crainte que 23
défense (expression de la) 39[3]
degré D
    de l'adjectif 6[4]
    de l'adverbe 7[3]
de la 12[2] 12[4]
de laquelle 124 132[6]
de manière (à ce) que 41[2]
demi 91
démonstratif 49
    déterminant 53[2]
    pronom 119
de peur de 23
de peur que 23
depuis **50** 140[1]
depuis que 140[2]
des 12[2] 12[3] 12[4] **51**
dès **51**
désinence D
désir (expression du) 39
désobéi 52
de sorte que 41[2]
dès que 140[2]
desquels, desquelles 124
de telle manière que 41[1]

de telle sorte que 41[1]
déterminant D 53
    exclamatif 53[7]
    démonstratif 53[2]
    indéfini 53[3]
    interrogatif 53[6]
    numéral 53[4]
    ordinal 53[5]
    possessif 53[1]
devoir 54 40[4]
différent 53[3]
dire 40[3]
discours indirect 136
divers 53[3]
dont 124 132[3]
dormir 40[3]
doute (expression du) 39
du 12[2] 12[4] **55**
dû 40[4] **55**
duquel 124 132[6]
durant 56

écrire 40[3]
elle, elles 122[1]
emploi des articles définis 12[1]
    définis contractés 12[2]
    des articles indéfinis 12[3]
    des articles partitifs 12[4]
    des pronoms personnels
    (résumé) 122[5]
en **57** 66 122[4]
en admettant de 37[1b]
en admettant que 37[2b]
encore que 101[3]
en même temps que 140[2]
énonciative D
entre 58
envoyer 40[4]
épithète D
essuyer 40[3]
est-ce que 130
et 59
étant donné que 25[4]
et caetera, etc. 2
être 40[1] 40[8] **60**
être en train de 13[2]
eux 61 122[2] 123[3]
éventualité 37[1] 37[2d]
    dans l'éventualité de 37[1a]
    où 37[2d]
exception (expression de l') 62
exclamatif (déterminant) 53[7]
explétif D
expression (expression figée) D

faillir 40[9] 63

faire 40[7] 64
falloir 39[3] 40[10] 65
familier D
famille de mots D
féminin D
    des adjectifs 6[3]
    des noms 95[2]
finir 40[3]
fin progressive 13[4]
fol 20
fuir 40[3]
futur 13[1] 40
futur antérieur 13[1] 40[1]
futur immédiat 13[3]

généalogie 53[5]
genre D
gérondif 66
groupe D

haïr 40[4]
H aspiré 67
H muet 67
heure 68
hypothèse 37
dans l'hypothèse de 37[1]
dans l'hypothèse où 37[2d]

il, ils 69
il y a 70 140[1]
il y a... que 140[1]
immédiat D 13[3]
imparfait de l'indicatif 13[1] 40[2]
    du subjonctif 36[2] 141
impératif 71
impérative (forme) D
impersonnel (verbe) 40[10]
improbabilité (expression de l') 39[2]
inanimé D
inchoatif D 13[4]
indéfini 72
    déterminant 53[3]
    pronom 120
indicatif D 13 40 et suivants
infinitif D 73
infinitive (proposition) D 73
interrogatif 12[1]
    déterminant 53[6]
    pronom 121
interrogative (forme) D
inversion du sujet D 74

je 122[1]
jeter 40[3]
joindre 40[4]
jugement (verbe de) 39

jusqu'à 75
jusqu'à ce que 140[2]
jusqu'en 75

l' 12[1]
la 12[1] 76 122[2]
là 53[2] **76**
là-bas 76
laisser 40[2] 77
la plupart 78
laquelle, lesquelles 121
le 12[1] **79** 122[2]
le même 53[3]
lequel, lesquels 121
les 12[1] **80** 122[2]
les uns 120
leur 53[1] 122[3]
leur (la, le) 123
liaison D 81
lire 40[3]
locution D
lorsque 126
lui 122[1] 122[3]
l'un et l'autre 82
l'un ou l'autre 82

ma 53[1]
mais 101[2]
malgré 101[1]
malgré que 101[3]
manière (expression de la) 83
masculin D
matière (expression de la) 84
me 85 122[2] 122[3] 125
meilleur 6[4]
même 86
même (le, la) 53[3] 120
même si 101[3]
mes 53[1]
mettre 40[3]
mien (le) 123
mieux 7[3]
mil, mille 53[5]
milliard 87
million 87
mode D 88
modeler 40[3]
moi 89 122[1] 122[2] 122[3]
moins 6[4] 7[3] **90**
mol 20
mon 53[1]
mot composé D 12[3]
    pluriel 91
moudre 40[4]
mourir 40[3]
mouvoir 40[4]

mû 40[4]
multiplicatif (nombre formé par) 53[4]

naître 40[4]
ne 92
ne ... pas 93
ne ... plus 93
ne ... que 93
nécessité (expression de la) 39[3]
négation D 93
négation absolue 12[5]
    partielle 12[5]
nettoyer 40[3]
ni 94
n'importe lequel 120
n'importe quel 53[3]
n'importe qui 120
n'importe quoi 120
nom D 95
nombre D 53[4]
nombre de 96
nom étranger (pluriel) 95[1]
non 97
non accompli D 13[1]
non pas que 28
non plus 98
non que 28
nos 53[1]
notre 53[1]
nôtre (la, le) 123
nous 122[1] 122[2] 122[3] 125
nouveau, nouvel 20
nouveau-né 91
nu 91
nul 53[3] **99** 120
numéral (déterminant) 53[4]

obéir 52
obligation (expression de l') 39[3]
on **100** 120 122[1]
opinion (expression de l') 39
opposition D 101
ordinal (déterminant) D 53[5]
orthographe D
ou 102
où 102 124 130
ouvrir 40[2]

par 8 103 107
parce que 25[2]
participe D
    passé (accord) 4 40 104[2]
    présent 104[1]
partir 40[3]
pas 105
pas mal de 106

passé antérieur 141
    composé 13[1] 40[1]
    immédiat 13[3]
    simple 141
    de l'infinitif 73
    du participe 104[2]
    du conditionnel 38
    du subjonctif 137[3]
passive (voix) D 107
pas un 53[3]
payer 40[3]
peindre 40[4]
pendant *108* 140[1]
pendant que 140[2]
personne 120
pesé (accord) 44
peser 40[3]
peu 7[2] *109*
peu de 53[3]
phrase D
    impérative 71
    interrogative 130
pire 6[4]
place de l'adjectif 6[1]
    l'adverbe 7[2]
    du pronom personnel 122[4]
plaire 40[3]
pleuvoir 40[10]
plupart 78
pluriel D
    de l'adjectif 6[2]
    des mots composés 91
    des mots étrangers 95[1]
    du nom 95[1]
plus 6[4] 7[3] 110
plusieurs 53[3] *112* 120
plus-que-parfait
    de l'indicatif 13[1] 40[1]
    du subjonctif 36[2] 137[3]
plus tôt 111
plutôt 111
point 113
possessif 114
    déterminant 53[1]
    pronom 123
possession (expression de la) 115
possibilité (expression de la) 39[3]
possible 116
postériorité D
pour 23 *117* 140[1]
pour que 23
pourquoi 130
pourtant 101[2]
pourvoir 40[3]
pourvu que 37[2b]
pouvoir 40[6]

prendre 40[5]
préposition D
près de 118
présent du conditionnel 38 40 et suivants
    de l'indicatif 13[1] 40[2]
    du subjonctif 36[2] 40[2]
présentatif D
prêt à 118
prévoir 40[3]
prier 40[3]
principal (verbe) D
probabilité (expression de la) 39[3]
processus D
progressif D 13[2]

pronom D
    démonstratif 119
    indéfini 120
    interrogatif 121
    personnel 122
        complément d'objet direct 122[2]
        complément d'objet indirect 122[3]
        sujet 122[1]
    place 122[4]
    possessif 123
    relatif 124
pronominal
    (accord du participe passé) 4[5]
    (verbe) D
pronominale (voix)
proposition D
prosodie D 3[4]
puisque 25[3]

quand 126
quand même 101[2]
quantité (expression de la) 53[3] 53[4] *127*
que 39[3] 124 *128* 132[2]
quel, quelle 53[6] 53[7]
quel ... que 53[3]
quelconque 129
quelque 53[3]
quelque chose 120
quelqu'un, quelques uns 120
question D 130
qui 124 132[1]
quoi 131
quoique 101[3]

radical D
recevoir 40[4]
relative 132

rendre 40³
résoudre 40⁴
rien 120
rire 40³

sa 53¹
sans que 41²
s'asseoir 40⁴
sauf 62
savoir 40⁵
se 125
selon que 37²ᵃ
semi-auxiliaire D
sentiment (expression du) 39
servir 40³
ses 53¹
seulement 101²
si 37²ᵃ 133
si ... que 41¹
si bien que 41¹
sien (le) 123
signes utilisés (liste des) p. 00
simultanéité D
singulier D
soi 134
soit 135
son 53¹
soutenu D
style direct D
      indirect D 136
subjonctif D 137
      imparfait 141
      présent 40
subordonné D
      à l'indicatif (concordance) 36¹
      au subjonctif (concordance) 36²
suffixe D
suivant que 37²ᵃ
suivre 40³
sujet D
superlatif D
      de l'adjectif 6⁴
      de l'adverbe 7³
syllabe D
symboles de l'alphabet phonétique
p. 00
synonyme D

ta 53¹
tandis que 101³ 140²
tant 138
tant de 53³
tant que 41¹ 140²
te 122² 122³ 125 *139*
tel 53³
tellement que 41¹

temps D 13 40 140
      composé 40¹
      littéraire 141
      simple 40² et suivants
tes 53¹
tien (le) 123
toi 122¹ 122² *142*
ton 53¹
tout 53³ 120 143
tout (le, la, les) 53³
tout de même 101²
traire 40³
trop 7²
trop de 53³
tu 122¹

un, une 12³ 53⁴ 120
un certain 53³
un et l'autre (l') 82
un ou l'autre (l') 82
un peu de 53³
uns (les) 120

vaincre 40³
valoir 40⁵
valu (accord) 43
vécu (accord) 43
venir 40⁵
verbe D
      à 1 radical 40²
      à 2 radicaux 40³
      à 3 radicaux 40⁴
      à 4 radicaux 40⁵
      à 5 radicaux 40⁶
      à 6 radicaux 40⁷
      à 7 radicaux 40⁸
      défectif D 40⁹
      du 1ᵉʳ groupe 40² 40³
      du 2ᵉ groupe 40³
      du 3ᵉ groupe de 40² à 40¹⁰
      intransitif D
      principal D
      pronominal D 125
      subordonné D
      transitif D
      type D
      unipersonnel D 40¹⁰
vers 144
vêtir 40³
vieil, vieux 20
vingt 53⁴
vivre 40³
voici 145
voilà 145
voir 40⁴

voix D
    active D
    passive D 107
volonté (expression de la) 39
vos 53[1]
votre 53[1]

vôtre (la, le) 123
vouloir 40[6]
vous 122[1] 122[2] 125 *146*
voyelle D

y 122[4] 122[5] *147*

● Imprimé en France par Tardy Quercy S.A. - Bourges
Dépôt légal : 9819 - Mai 1987
N° d'imprimeur : 13712